MANAGEMENT

应用型本科财经类规划教材

管理学经典案例解析

刘妤　主编

厦门大学出版社
XIAMEN UNIVERSITY PRESS
国家一级出版社
全国百佳图书出版单位

图书在版编目(CIP)数据

管理学经典案例解析/刘妤主编. —厦门:厦门大学出版社,2018.9
ISBN 978-7-5615-7072-2

Ⅰ.①管…　Ⅱ.①刘…　Ⅲ.①管理学　Ⅳ.①C93

中国版本图书馆 CIP 数据核字(2018)第 199462 号

出 版 人	郑文礼
责任编辑	吴兴友
封面设计	李嘉彬
技术编辑	朱 楷

出版发行	厦门大学出版社
社　　址	厦门市软件园二期望海路 39 号
邮政编码	361008
总 编 办	0592-2182177　0592-2181406(传真)
营销中心	0592-2184458　0592-2181365
网　　址	http://www.xmupress.com
邮　　箱	xmupress@126.com
印　　刷	厦门集大印刷厂

开本	787 mm×1 092 mm　1/16
印张	8.5
字数	172 千字
版次	2018 年 9 月第 1 版
印次	2018 年 9 月第 1 次印刷
定价	29.00 元

本书如有印装质量问题请直接寄承印厂调换

厦门大学出版社
微信二维码

厦门大学出版社
微博二维码

前　言

　　管理学是一门探讨管理规律的学科，管理本身是一项富有效率和展现智慧的工作。本书力求生动、精准地阐述管理的规律，把知识性和通俗性、教育性和趣味性融为一体。在案例选材方面强调广泛性和有效性；在案例分析方面强调实用性和前沿性；注重企业案例分析，案例贴近实际，蕴含着企业经营的得与失，充满了经验与真实，引导学生思考。

　　全书共13章，包括管理概述，管理思想的发展与演进，管理环境、文化与社会责任，计划，组织，领导，控制，发展等管理学基本内容的各种表现形式的案例，并对案例所涉及的知识点做了介绍和说明，在此基础上就案例体现的问题做了参考性解析。

　　本书针对管理学教学中的主要理论进行案例解读，是教师的好帮手，对刚刚接触管理学的同学也是难得的答疑解惑工具。通过一个个富有特色的案例解读，使同学加深对管理理论的理解，增强管理意识，培养管理思维。

　　最后感谢为本书辛勤劳动和提供过帮助的每一位老师、同学。首先，特别要感谢西藏民族大学财经学院院领导郭宏伟教授、陈爱东教授、魏小文教授的高瞻远瞩、运筹帷幄以及对青年教师的精心培育和正向引导，才使本书得以顺利完成。其次，要感谢西藏民族大学财经学院张志恒教授、黄林教授等诸位专家的悉心指导与鼎力支持。最后，要感谢为本书资料收集和整理做了大量工作的研究生，分别是：刘侬、雍茹佳、王曼颖、邢晓敏、樊姣姣、杨超、刘蕴玉、范思聪、刘晓凤、尚月、任二芬、刘力萍、马晓萍、张静旋、赵春胜、王才孟与、张玉洁、赖塞宜、鹿丹、孙凡、王蕾。

　　由于编者水平有限，不如人意及疏漏之处在所难免，恳请广大读者提出宝贵修改意见，便于我们今后不断修改完善。

刘妤

2018 年 2 月

目 录

第1章 组织、管理与管理者

案例1-1 谁来承担损失

田野是某大学的一位大学生,为了准备全国英语六级考试,在 Λ 书城购买了一本历年全国英语六级考试全真试题,没想到等到准备做试题时,却发现该书缺页达40页之多。无奈,他只好找出购书时电脑打印的列有所购书名的付款小票,准备去调换一本。

到了书城,田野直接到总服务台说明了情况,营业员甲接过书和付款小票看了看,说:"没问题,可以调换。请您直接去5层找营业员调换。"随即,田野来到5层,找到相应专柜的营业员乙,营业员乙马上在书架上找,结果却发现该书一本都不剩了,于是对田野说,"这本书已卖完了,不知仓库里有没有? 你去找总台问。"此时,田野显得有些不耐烦了,问营业员乙为什么不能帮助顾客联系解决,而要顾客楼上楼下来回跑。营业员乙一边抱怨一边打电话给总台说,"书架上已没有该书,请你们处理吧。"田野一脸的无奈,只好再次跑下楼去找总台。

没想到总台营业员甲查完电脑记录后,田野却被告知,该书已脱销了,现在出版社也没有此书了。田野十分生气,本来只想调换一本,结果自己楼上楼下跑,跑来的结果却是一本不剩,他要求退书。可是,营业员甲说:"退书必须在购书7日之内,您所购书是8天前买的,我们不能给您退。"田野此时已气愤之极,买了一本缺40余页的书本来已经够恼火的了,专门来调换却没有书可换。于是,他找到书城负责人理论说:"我从你们书城买的书缺了40多页,我是来换书的,并不想来退书,可现在因为你们该书脱销不能给我换书,我才退书的。"书城负责人不无遗憾地说:"这是单位规定,超过7天不予退,只能换"。田野据理力争道:"如果因为我个人的原因在7天之后要求退书,你们可以不退。但现在不是因为我的原因,而是你们该书脱销,而卖给我的书又少了40多页,你们没有理由不给退。"书城负责人说:"不是我们不给你换,是没有书可换,我也没有办法,超过7天我们不予退书,要退,你找出版商去。"此时,围观的人越来越多,人们纷纷谴责书城负责人的做法。

【问题】

1. 本案例中,对于该书城"超过7天不予退,只能换"的规定,书城营业员、负责人始终坚持遵照执行,他们的做法有错吗? 为什么?

2. 如果你是该书城负责人,对田野的退书要求,你认为应该怎样处理?

【知识点链接】

本案例主要涉及管理的实质。管理从本质而言是人们为了实现一定的目标而采用的一种手段。良好管理效果的获得,取决于人们对管理的正确认识和管理手段的妥善运用。

对待规章制度,正确的态度应该是:在一般情况下,照章办理;在特殊情况下,酌情处理。正确对待规章制度的关键是明确界定特殊情况的范围和酌情处理的原则。特殊范围主要包括违反规章的目的与确立规章的目的一致,或已有的规章制度已不能发挥其应有的作用。酌情原则是对违反规章的有益行为按目标有利原则处理;无视规章,直接按照目标有利原则采取相应行为。

【案例分析】

1. 本案例中,对于该书城"超过 7 天不予退,只能换"的规定,书城营业员、负责人始终坚持遵照执行,他们的做法有错吗? 为什么?

规章制度就其本质而言,是一种管理手段。任何组织为了实现共同的目标,都会制定一系列的规章制度以规范群体的行为。可以说,规章制度是一种有效的管理手段,任何一个组织都不可缺少。但与此同时,要明确规章制度只不过是一种手段,绝不能为了维护规章制度而置组织目标于不顾。对于该书城"超过 7 天不予退,只能换"的规定,书城营业员、负责人在任何情况下都照章办事,是典型的教条主义,他们错把手段当目的,因此其做法是错误的。

2. 如果你是该书城负责人,对田野的退书要求,你认为应该怎样处理?

对待规章制度,正确的态度应该是:在一般情况下,照章办理;在特殊情况下,酌情处理。正确对待规章制度的关键是明确界定特殊情况的范围和酌情处理的原则。在本案例中,田野所购书缺页达 40 页之多,因为该书脱销,在调换不可能的情况下要求退书,他退书的目的与该书城制定该规定的目的是一致的,即都是为了维护消费者的利益。该情形属于违反规章的目的与确立规章的目的一致的特殊范围,因此书城负责人应按目标有利原则处理,对田野的退书要求予以妥善解决。即在此种特殊情况下,规章制度可以破,但目标原则不能违背。同时,进一步完善书城的退换书规定,如可考虑在规章制度中将所有的特殊情况均列出来,以便指导员工妥善运用。

案例 1-2　甜美的音乐

马丁吉他公司成立于 1833 年,位于宾夕法尼亚州拿撒勒市,被公认为世界上最好的乐器制造商之一,就像 Steinway 的大钢琴、Rolls Royce 的轿车,或者 Buffet 的单簧管一样,马丁吉他每把价格超过 10000 美元,却是你能买到的最好的东西之一。这家家族式的企业历经艰难岁月,已经延续了六代。目前的首席执行官是克里斯琴·弗雷德里克·马丁四世,他秉承了吉他的制作手艺。他甚至遍访公司在全世界的经销商,为它们举办培训讲座。很少有哪家公司像马丁吉他一样有这么持久的声誉,那么,公司成功的关键是什么？一个重要原因是公司的管理和杰出的领导技能，它使组织成员始终关注像质量这样的重要问题。

马丁吉他公司自创办起做任何事都非常重视质量。即使近年来在产品设计、分销系统以及制造方法方面发生了很大变化，但公司始终坚持对质量的承诺。公司在坚守优质音乐标准和满足特定顾客需求方面的坚定性渗透到公司从上到下的每一个角落。不仅如此，公司在质量管理中长期坚持生态保护政策。因为制作吉他需要用到天然木材，公司非常审慎和负责地使用这些传统的天然材料，并鼓励引入可再生的替代木材品种。基于对顾客的研究，马丁公司向市场推出了采用表面有缺陷的天然木材制作的高档吉他，然而，这在其他厂家看来几乎是无法接受的。

马丁公司使新老传统有机地整合在一起。虽然设备和工具逐年更新，雇员始终坚守着高标准的优质音乐原则。所制作的吉他要符合这些严格的标准，要求雇员极为专注和耐心。家庭成员弗兰克·亨利·马丁在 1904 年出版的公司产品目录的前言里向潜在的顾客解释道："怎么制作具有如此绝妙声音的吉他并不是一个秘密。它需要细心和耐心。细心是指要仔细选择材料，巧妙安排各种部件。关注每一个使演奏者感到惬意的细节。所谓耐心是指做任何一件事不要怕花时间。优质的吉他是不能用劣质产品的价格造出来的。但是谁会因为买了一把价格不菲的优质吉他而后悔呢？"虽然 100 年过去了，但这些话仍然是公司理念的表述。虽然公司深深地植根于过去的优良传统，现任首席执行官马丁却毫不迟疑地推动公司朝向新的方向。例如，在 20 世纪 90 年代末，他作出了一个大胆的决策，开始在低端市场上销售每件价格低于 800 美元的吉他。低端市场在整个吉他产业的销售额中占 65%。公司 DXM 型吉他是 1998 年引入市场的，虽然这款产品无论外观、品位和感觉都不及公司的高档产品，但顾客认为它比其他同类价格的绝大多数吉他产品的音色都要好。马丁为他的决策解释道："如果马丁公司只是崇拜它的过去而不尝试任何新事物的话，那恐怕就不会有值得崇拜的马丁公司了。"

马丁公司现任首席执行官马丁的管理表现出色，销售收入持续增长，在 2000 年接近 6 亿美元。位于拿撒勒市的制造设施得到扩展，新的吉他品种不断推出。雇员们描述他的管理风格是友好的、事必躬亲的，但又是严格的和直截了当的。虽然马丁吉他公司不断将其触角伸向新的方向，但却从未放松过对尽其所能制作顶尖产品的承诺。在马丁的管理下，这种承诺决不会动摇。

【问题】

1. 根据卡特兹的三大技能理论，你认为哪种管理技能对马丁四世最重要？解释你的理由。

2. 根据明茨伯格的管理者角色理论，说明马丁在分别扮演什么管理角色？解释你的选择。(1)当马丁访问马丁公司世界范围的经销商时；(2)当马丁评估新型吉他的有效性时；(3)当马丁使员工坚守公司的长期原则时。

3. 马丁宣布："如果马丁公司只是崇拜它的过去而不尝试任何新事务的话，那恐怕就不会有值得崇拜的马丁公司了。"这句话对全公司的管理者履行计划、组织、领导和控制职能意味着什么？

4. 马丁的管理风格被员工描述为友好、事必躬亲，但是严格和直截了当。你认为这意味着他是以什么方式计划、组织、领导和控制的？你认为这种管理风格对其他类型的组织也有效吗？说明你的观点。

【知识点链接】

管理是否有效，在很大程度上取决于管理人员是否真正具备了一名管理者所必须具备的管理技能。美国的管理学专家卡特兹提出，有效的管理者应具备技术技能、人际技能和概念技能。一般来讲，概念技能对高层管理者最重要，因为由高层管理者所作的计划、决策等都需要概念技能。技术技能对基层管理者特别重要，因为其最接近现场作业。由于管理工作的工作对象是人，因此人际技能是所有层次上的管理者必须掌握的基本技能。

明茨伯格提出了一个管理者在做什么的分类框架。他认为，管理者实际上在扮演三大方面10种不同的、但高度相关的角色。人际关系角色包含了人与人（下级和组织外的人）以及其他具有礼节性和象征性的职责，具体角色包括挂名首脑、领导者和联络者。信息传递角色包括接受、收集和传播信息，具体角色包括监听者、传播者和发言人。决策制定角色是作出抉择，包括企业家、混乱驾驭者、资源分配者和谈判者。

【案例分析】

1. 根据卡特兹的三大技能理论，你认为哪种管理技能对马丁最重要？解释你的理由。

从案例中，我们知道马丁是首席执行官，属于高层管理者。作为高层管理者，概念技能对马丁最主要。因为他必须制定指导性计划和吉他公司的发展愿景。这种管理技能往往来自组织的高层，即高层管理者马丁。除此之外，马丁还必须具备一定的人际技能，以便其将这些公司的指导性计划和发展愿景与中基层管理者以及操作者进行沟通，取得他们的支持，从而带来组织的成功。马丁需要最少的是技术技能，他应该会雇用有必备技术技能的员工去制造质量卓越的马丁吉他。然而雇用能满足组织宗旨和计划的员工是一项困难的工作，因此这种技能必须来自马丁。

2. 根据明茨伯格的管理者角色理论，说明马丁在分别扮演什么管理角色？解释你的选择。

(1)当马丁访问马丁公司世界范围的经销商时；

(2)当马丁评估新型吉他的有效性时；

(3)当马丁使员工坚守公司的长期原则时。

从案例中，我们看到：(1)当马丁访问马丁公司世界范围的经销商时，他在扮演挂名首脑、领导者、传播者和监听者。当马丁代表公司环世界访问时，他在扮演挂名首脑；当马丁访问经销商，并向他们展示坚定的、值得追随的领导风采时，他在扮演领导者；当马丁将公司总部的信息传递给各个经销商，并提供给他们最新的公司信息时，他在扮演传播者；当马丁访问各个经销商时，由于他能汇集各个经销商的信息给公司总部，以便改进产品和服务，因此他在扮演监听者。(2)当马丁评估新型吉他的有效性时，他在扮演企业家和混乱驾驭者。作为企业家，马丁站在技术前沿，寻求公司的发展机会，带领公司达到新的水平。马丁在评估新型吉他的有效性时，他要在多种设计方案间进行比较，选择最终方案是否与新型吉他相匹配，这时他在扮演混乱驾驭者。(3)当马丁使员工坚守公司的长期原则时，他在扮演领导者、谈判者和资源分配者。马丁吉他的长期原则是公司过去、现在乃至将来发展的关键因素。马丁作为领导者，他重申并使员工始终聚焦于该目标上。他还可以运用这些原则处理各种冲突和资源配置，这时他在扮演谈判者和资源分配者。

3. 马丁宣布："如果马丁公司只是崇拜它的过去而不尝试任何新事务的话，那恐怕就不会有值得崇拜的马丁公司了。"这句话对全公司的管理者履行计划、组织、领导和控制职能意味着什么？

这里，马丁实际上是强调马丁吉他必须变革，才能走向美好的明天。如果马丁的管理层假定顾客需求和竞争者仍然保持现状，马丁吉他公司将走向衰退乃至退出。因此，他的这句话对于管理者意味着要始终牢记在产品、过程和服务上进行变革与创新。也就是说，管理者要在计划、组织、领导和控制等所有职能的履行中进行变革与创新。

4. 马丁的管理风格被员工描述为友好、事必躬亲，但是严格和直截了当。你认为这意味着他是以什么方式计划、组织、领导和控制的？你认为这种管理风格对其他类型的组织也有效吗？说明你的观点。

这种管理风格意味着他既是员工导向型，又是过程导向型的管理者。这种管理风格对于其他类型的组织也相当有效。

案例 1-3　培训部负责人辞职

北京某公司章总，工龄有 30 多年，在行业内也算是前辈，工作态度非常严谨认真。对公司组织的培训工作非常重视，从培训课程内容设置、培训讲师选聘、培训酒店场地签订到培训证书印制、培训现场条幅悬挂、培训期间餐饮订单等等，事无巨细，从头抓到尾，尽管有专门的培训部。并且经常亲自蹲点于培训教室现场，中间还不时打断讲师，指正讲授内容；由于公司人员排队签字，不时召唤秘书奔走往返来培训现场办理公文处理文件。

一次，章总突然指示培训部下周举办经销商销售顾问培训班和市场经理培训班，完全脱离培训工作实施规划。培训部不得不马上开始确定培训讲师、拟制培训日程表、商谈培训教室、拟订培训通知等等事项。由于某种原因，报到实际人数没有达到理想状态，章总在培训报到现场，果断指示将两个班合并为一个班举办，以节省开销。尽管前期已经安排妥当，培训讲师林教授也强调培训对象不同，培训内容侧重点不一样，最关键报到时间也不同。章总置之不理。结果经销商参训学员得知突然变更，怨声载道，全部怪罪培训部。章总竟然也在众人面前大声斥责培训部负责人，为什么培训工作做得一塌糊涂，然后命令公司其他部门所有负责人全部到场蹲点。这下更热闹了，培训工作不光章总亲自指导，各部门负责人也不时指东道西，甚至连总经理秘书也插手指挥。可想而知，一个简单的培训活动最终搞得乱七八糟。培训结束第二天，培训部负责人打了辞职报告。

【问题】
培训部负责人为什么会打辞职报告？公司管理者的角色定位是什么？

【知识点链接】
类似章总这样的公司管理者在我们周围并不少见。该案例反映出公司管理者存在的诸多问题:管理者角色定位不明确、工作计划性不强、管理跨度不合理、企业文化建设不成功、管理监控不力等等。

【案例分析】

培训部负责人为什么会打辞职报告？公司管理者的角色定位是什么？

管理者角色定位不明确,会直接影响到组织正常的运作。公司管理者应该懂得授权的必要性,明确作为公司管理者的角色定位。有人说,一流的公司管理者能够发挥下属的聪明才智,二流公司管理者只会凭借下属的体力,三流的公司管理者就只得事必躬亲。公司管理者更多把注意力放在自己角色范围内,把握住"要事第一"的原则,高层管理者,管大局、战略、目标、过程,更多放在不紧急但重要的事情上来;中层管理者,管人、管事情,处理那些紧急也重要的事情。

作为公司管理者,应该知人善任,根据员工的爱好、特长安排合适的岗位。否则,人才也会变成庸才,毫无利用价值,甚至反而成为公司发展的障碍。这也是对人力资源的极大浪费。公司管理者应该合理配置人力资源,实现人尽其才,才尽其用,发挥人才最大效能,促进公司经营目标的实现。通过建立科学的人才评估机制,对引进或发掘的人才进行科学的鉴别与选择,再给予适宜的岗位,或直接让人才自己选择合适的岗位,然后进行科学评估,如此才能达到理想的人才配置效果。

第 2 章　管理思想的发展与演进

案例 2-1　生铁搬运实验

伯利恒有一个 75 人的生铁搬运小组,每人每天装货约 12.5 吨。泰勒通过工时研究,计算出每个生铁搬运工每天能够搬运的定额为 47～48 吨。要达到提高定额这一目的,而且要使工人不致因任务过重而罢工,做到管理人员不同工人发生任何争吵,使工人们在以新的 47 吨的速度干活时,比过去以 12.5 吨的速度干活感到更为高兴和更为满足,这就是泰勒想要达到的目的。泰勒的具体方法如下:首先,他安排一位聪明的、受过大学教育的管理人员来跟踪搬运生铁的具体过程,在一个"头等工人"以最快速度进行工作时,用秒表准确记录一天的工作过程。在准确测时的基础上,把工作分解成小的基本动作,研究这些动作的最合理、最省力的具体做法,再把各个基本动作所耗费的时间联系起来,求出正常工作的速率,进而计算出标准定额。另外,还要估算出一天中休息时间应占的百分比,以及为意外情况或不可避免的迟延而留出相应的时间。然后,在工时研究的基础上,对工人的操作动作进行设计,用科学的方法合理安排工作程序、操作技巧以及进展速度,减少不必要的体力消耗,省略多余的动作,节约工人的劳动。再次,恰当地挑选实验对象,他挑选了一位人称"斯密特"的外籍移民工人,让他严格按照管理人员的指示进行工作,由一名拿着秒表的管理者掌握斯密特工作中的动作、程序和间隔休息时间。这样,斯密特在一天之内完成了 47.5 吨生铁的搬运工作,其工资也由过去的 1.15 美元增加到 1.85 美元。在搬运生铁实验中,泰勒发现了一个重要的现象,就是工人干活时的疲劳程度与他完成的工作量不成正比。人们一般会想当然地认为,干活越多,疲劳程度越高。但泰勒却在实地测量中发现,并不是干活越多就越累,有的工人可能只搬了 10 吨生铁就精疲力竭,而有的工人可能搬了 20 吨也若无其事。为了弄清其中的奥妙,泰勒的助手巴思把工作中的所有可能导致疲劳的影响因素都汇出曲线图,用数学方法寻找答案。最后的结论是:工人的疲劳程度与负载的间歇频率相关,而不是与负荷重量相关。由此,泰勒发现了一个合理安排工人负载的新思路,可以在不增加疲劳程度的前提下大大提高工作量。

【问题】
该实验如何体现泰勒"科学管理理论"的相关内容?

【知识点链接】

泰勒的"科学管理理论",其中包括制定工作定额、挑选"第一流的工人"、实施标准化管理。

【案例分析】

该实验如何体现泰勒"科学管理理论"的相关内容?

搬运生铁实验的案例是泰勒能够得出其科学管理理论的三大基础实验中最为经典的一个的。从中可以看到,"科学"二字的本质,即泰勒运用了科学的计算、科学的方法、科学的数理理论得到其管理理论,通过科学的管理理论来达到提高效率的最终目的。

1. 泰勒在挑选了一个"头等工人"以最快速度进行工作时,用秒表准确记录一天的工作过程。在准确测时的基础上,通过一系列的动作细分以及精确计算,求出正常工作的速率,进而计算出标准定额。另外,通过估算休息时间,以及为意外情况或不可避免的迟延而留出相应的时间,使制定的工作定额更加合理。这一过程充分体现了泰勒科学管理理论中,通过对工作定额的合理制定,确定一个工人的"合理的日常工作量"。

2. 泰勒挑选了一位人称"斯密特"的外籍移民工人,让他严格按照管理人员的指示进行工作,由一名拿着秒表的管理者掌握斯密特工作中的动作、程序和间隔休息时间。这一过程体现了科学管理理论:挑选"第一流的工人"。通过把斯密特培养成为生铁搬运的第一流的工人,激励他尽最大的努力来工作。

3. 泰勒用科学的方法合理安排工作程序、操作技巧以及进展速度,减少不必要的体力消耗,省略多余的动作,节约工人的劳动。并且,他还通过数据分析找到工人的疲劳程度是与负载的间歇频率相关,而不是与负荷重量相关,从而合理安排工人负载。这一过程体现了科学管理理论的"实施标准化管理"。标准化管理需要用科学的方法对工人的操作、工具、劳动和休息时间相搭配,消除各种不合理的因素,从而对工人更好地进行管理。

案例 2-2　出租车司机给我上了一堂生动的 MBA 课

(注:本案例形式是以对话方式展现的)

我要从徐家汇赶去机场,于是匆匆结束了一个会议,在美罗大厦前搜索出租车。一辆大众发现了我,非常专业地、径直地停在我的面前。这一停,于是有了后面的这个让我深感震撼的故事,像上了一堂生动的 MBA 案例课。为了忠实于这名出租车司机的原意,我凭记忆尽量重复他原来的话。

"去哪里……好的,机场。我在徐家汇就喜欢做美罗大厦的生意。这里我只做两个地方——美罗大厦和均瑶大厦。你知道吗? 接到你之前,我在美罗大厦门口兜了两圈,终于让我看到你了! 从写字楼里出来的,肯定去的不近。"

"哦? 你很有方法嘛!"我附和了一下。

"做出租车司机,也要用科学的方法。"他说。

我一愣,顿时很有些兴趣"什么科学的方法?"

"要懂得统计。我做过精确的计算。我说给你听啊。我每天开 17 个小时的车，每小时成本 34.5 元……"

"怎么算出来的?"我追问。

"你算啊，我每天要交 380 元，油费大概 210 元左右。一天 17 小时，平均每小时固定成本 22 元，交给公司，平均每小时 12.5 元油费。这是不是就是 34.5 元?"

我有些惊讶。我打了 10 年的车，第一次听到有出租车司机这么计算成本。以前的司机都和我说，每公里成本 0.3 元，另外每天交多少钱之类的。

"成本是不能按公里算的，只能按时间算。你看，计价器有一个'检查'功能。你可以看到一天的详细记录。我做过数据分析，每两次载客之间的空驶时间平均为 7 分钟。如果上来一个起步价，10 元，大概要开 10 分钟。也就是每一个 10 元的客人要花 17 分钟的成本，就是 9.8 元。不赚钱啊! 如果说做浦东、杭州、青浦的客人是吃饭，做 10 元的客人连吃菜都算不上，只能算是撒了些味精。"

强! 这位师傅听上去真不像出租车司机，倒像是一位成本核算师。"那你怎么办呢?"我更感兴趣了，继续问。看来去机场的路上还能学到新东西。

"千万不能被客户拉了满街跑。而是通过选择停车的地点、时间和客户，主动地决定你要去的地方。"我非常惊讶，这听上去很有意思。"有人说做出租车司机是靠运气吃饭的职业。我以为不是。你要站在客户的位置上，从客户的角度去思考。"这句话听上去很专业，有点像很多商业管理培训老师说的"put yourself into others' shoes"。

"给你举个例子，医院门口，一个拿着药的，一个拿着脸盆的，你带哪一个。"我想了想，说不知道。

"你要带那个拿脸盆的。一般人小病小痛的到医院看一看，拿点药，不一定会去很远的医院。拿着脸盆打车的，那是出院的。住院哪有不死人的? 今天二楼的谁死了，明天三楼又死了一个。从医院出来的人通常会有一种重获新生的感觉，重新认识生命的意义，健康才最重要。那天这个说：走，去青浦。眼睛都不眨一下。你说他会打车到人民广场，再去做青浦线吗? 绝对不会!"

我不由得开始佩服。

"再给你举个例子。那天在人民广场，三个人在前面招手。一个年轻女子，拿着小包，刚买完东西。还有一对青年男女，一看就是逛街的。第三个是个里面穿绒衬衫的，外面羽绒服的男子，拿着笔记本包。我看一个人只要 3 秒钟。我毫不犹豫地停在这个男子面前。这个男的上车后说：延安高架、南北高架……还没说后面就忍不住问，为什么你毫不犹豫地开到我面前? 前面还有两个人，他们要是想上车，我也不好意思和他们抢。我回答说，中午的时候，还有十几分钟就 1 点了，那个女孩子是中午溜出来买东西的，估计公司很近;那对男女是游客，没拿什么东西，不会去很远;你是出去办事的，拿着笔记本包，一看就是公务。而且这个时候出去，估计应该不会近。那个男的就说，你说对了，去宝山。"

"那些在超市门口、地铁口打车，穿着睡衣的人可能去很远吗? 可能去机场吗? 机场也不会让她进啊。"

有道理! 我越听越有意思。

"很多司机都抱怨，生意不好做啊，油价又涨了啊，都从别人身上找原因。我说，你永远从别人身上找原因,你永远不能提高。从自己身上找找看,问题出在哪里。"这话听起来好熟,好像是"如果你不能改变世界,就改变你自己",或者 Steven Corvey 的"影响圈和关注圈"的翻版。"有一次,在南丹路一个人拦车,去田林。后来又有一次,一个人在南丹路拦车,还是去田林。我就问了,怎么你们从南丹路出来的人,很多都是去田林呢?人家说,在南丹路有一个公共汽车总站,我们都是坐公共汽车从浦东到这里,然后搭车去田林的。我恍然大悟。比如你看我们开过的这条路,没有写字楼,没有酒店,什么都没有,只有公共汽车站,站在这里拦车的多半都是刚下公共汽车的,再选择一条最短路径打车。在这里拦车的客户通常不会高于 15 元。"

"有一次一个人打车去火车站,问怎么走。他说这么走。我说慢,上高架,再这么这么走。他说,这就绕远了。我说,没关系,你经常走你有经验,你那么走 50 块,你按我的走法,等里程表 50 块了,我就翻表。你只给 50 块就好了,多的算我的。按你说的那么走要 50 分钟,我带你这么走只要 25 分钟。最后,按我的路走,多走了 4 公里,快了 25 分钟,我只收了 50 块。乘客很高兴,省了 10 元钱左右。这 4 公里对我来说就是 1 块多钱的油钱。我相当于用 1 元多钱买了 25 分钟。我刚才说了,我一小时的成本 34.5 块,我多合算啊!"

"要用科学的方法,统计学来做生意。把自己当成管理者,不然天天等在地铁站口排队,怎么能赚到钱?每个月就赚 500 块钱怎么养活老婆、孩子?这就是在谋杀啊!慢性谋杀你的全家。要用知识武装自己。"

【问题】
试用古典管理理论的相关原理分析出租车司机如何实现自己的效益最大化?

【知识点链接】
泰勒的"科学管理理论",制定工作定额;挑选"第一流的工人";强调工人和雇主之间的"精神革命"。

【案例分析】
试用古典管理理论的相关原理分析出租车司机如何实现自己的效益最大化?

该出租车司机的案例虽然是当今时代实际生活中的问题,但是也体现了泰勒的科学管理理论。

1.该出租车司机在计算其成本的时候运用的科学的方法计算出了更加准确的成本,并且根据成本的合理性制定了"合理的日工作量"。这一点体现的是泰勒科学理论的"制定工作定额",出租车司机在根据成本确定出租车的里程和生意地点的过程就是把自己当作一个管理者,并把自己每一单生意的时间、合适的路线记录下来,加上其空驶的时间,经过科学的计算最终得到了他每天更合理的行程路线。泰勒的"合理的工作量"反映到出租车司机这里就是"合理的行程"。

2.该出租车司机选择乘客的过程其实就是管理者挑选工人的过程,并且他注重了双方都要提高效率。这一点体现的是泰勒科学管理理论中的:挑选"第一流的工人"以及强调工人和雇主之间的"精神革命"。该出租车司机并不是随便拉乘客,而是站在了管理者的角度进行了选择,他选择的是最适合他理想路线的乘客,他在努力匹配能够让自己利润最大化的路线及乘客,在有多种选择的时候,他没有盲目拉客,而是通过观察分析,确定谁能够成为他更合适的"第一流的工人"。并且,他注重双方的效率,让自己和顾客相互协作,既给乘客省钱、省时间,又提高自己的效率,节省成本。

总之,出租车司机巧妙地把自己看成是管理者,他的每一个乘客都是经过科学的管理方式精心分析来的,他能够提高双方的效率,并且把自己的成本降到了最低,将行车路线、行车时间、停车地点进行标准化的管理,最终成为一名高收入的司机。

案例 2-3　管理理论真能解决实际问题吗

海伦、汉克、乔、萨利四个人都是美国西南金属制品公司的管理人员。海伦和乔负责产品销售,汉克和萨利负责生产。他们刚参加过在大学举办的为期两天的管理培训班学习。他们在培训班里主要学习了权变理论、社会系统理论和有关职工激励方面的一些内容。他们对所学的理论各有不同的看法,现正展开激烈的争论。乔首先说:"我认为系统管理理论对于像我们这样的公司是很有用的。例如,生产工人偷工减料或做手脚、原材料价格上涨等,都会影响我们的产品销售。系统理论中讲的环境影响与我们的情况很相似。我的意思是,在目前这种经济环境中,一个公司会受到环境的极大影响。在油价暴涨期间我们还能控制自己的公司。现在呢? 我们在销售方面前进一步,都要经过艰苦的战斗。这方面的艰苦你们大概都深有感触吧?"萨利插话说:"你的意思我已经了解了。我们的确有过艰苦的时期,但是我不认为这与系统管理理论之间有什么必然的联系,我们曾在这种经济系统中受到过伤害。当然,你可以认为这与系统理论是一致的。但是我并不认为我们就有采用系统管理理论的必要。我的意思是,如果每个东西都是一个系统,而所有的系统都能对某一个系统产生影响的话,我们又怎么能预见到这些影响所带来的后果呢? 所以,我认为权变理论更适用于我们。如果你说事物都是相互依存的话,系统理论又能帮我们什么忙呢?"

海伦对他们这样的讨论表示了不同的看法。她说:"对系统管理理论我还没有很好地考虑。但是,我认为权变理论对我们是很有用的。虽然我们以前也经常采用权变理论,但是我没有认识到自己是在运用权变理论。例如,我经常听到一些家庭主妇顾客讨论关于孩子如何度过周末之类的问题,从他们的谈话中我就知道她们采购什么东西了。顾客不希望'逼'他们去买他们不需要的东西。我认为,如果我们花上一两个小时与他们自由交谈的话,那肯定会扩大我们的销售量。但是,我也碰到过一些截然不同的顾客,他们一定要我向他们推销产品,要我替他们在购物中做主。这些人也经常到我这里来走走,但是不是闲谈,而是做生意。因此,你们可以看到,我每天都在运用权变理论来对付不同的顾客。为了适应形势,我经常都在改变销售方式和风格,许多销售人员都是这样做的。"汉克显得有些激动地插话说:"我不懂这些被大肆宣传的理论是什么东西。但是,关于系统管理理论和权变理论问题,我同意萨利的观点。教授们都把自己的理论吹得天花乱坠,他们的理论听起来很好,但是却无助于我们的管理实际。对于培训班上讲的激励要素问题我也不同意。我认为泰勒在很久以前就对激励问题有了正确的论述。要激励工人,就是要根据他们所做的工作付给他们报酬。如果工人什么也没做,就用不着付任何报酬。你们和我一样清楚,人们只是为钱工作,钱就是最好的激励。"

【问题】

试评析案例中提到的现代管理理论。

【知识点链接】

系统管理理论是指将企业作为一个有机整体,把各项管理业务看成相互联系的网络的一种管理理论学派。该理论重视对组织结构和模式的分析,应用一般系统理论的范畴、原理,全面分析、研究企业与其他组织的管理活动和管理过程,并建立起系统模型以便于分析。

权变理论的出现意味着管理理论向实用主义方向发展前进了一步。权变管理理论认为,企业要根据企业所处的内外条件随机应变,没有什么一成不变、普遍适用的"最好的"管理理论和方法。企业管理要根据企业所处的内部条件和外部环境来决定其管理手段和管理方法,即要按照不同的情景、不同的企业类型、不同的目标和价值,采取不同的管理手段和管理方法。

【案例分析】

本案中的四个人物,海伦、汉克、乔、萨利由于处在不同的管理岗位,所担负的工作内容和职责不同,所以他们都从各自岗位出发来认识管理问题,因而观点与结论截然不同。乔从事销售管理工作,可能更关注产品的信誉、质量、价格等问题,因而他力图从系统理论中的内外因素相互联系与作用的观点来考虑销售。萨利从事生产管理工作,可能更注重生产过程的连续性、规范性、程序性、纪律性,因而更同意权变理论,即根据不同的产品设计、工艺、时间、批量等要求来合理安排人员、任务以及生产过程,使生产过程管理能更有针对性和有效性。海伦从事的是销售工作中的推销工作,直接与各种顾客打交道,因而她认为权变理论更为实用,即根据不同顾客的特点采取不同的促销方式。而汉克则是从事基层生产管理工作的,因而更多的关心激励问题,由于管理对象是第一线的工人,因此汉克更赞成泰勒的激励理论观点,即认为工人只为金钱而工作,管理方式上采取奖勤罚懒。

总之,现代管理理论中研究方法众多,管理理论不统一,除了系统管理论学派和权变理论学派还有经验主义学派、经理角色学派、管理过程学派等。本案例就是站在不同人不同岗位的立场上介绍了管理理论的丰富多样。无论是哪一种管理理论和思想,都是围绕管理的核心问题"效果"而开展的。这个案例告诉我们要根据不同的情况看待管理问题,虽然在不同的角度可能会得到不同的答案,但是管理理论能够解决实际问题,前提是要把理论与具体问题相结合,兼收并蓄,有选择地取舍,灵活运用。

案例 2-4 海尔的科学管理

海尔集团的 CEO 张瑞敏,将海尔从一个毫不起眼的小厂做成世界五百强,其中的艰辛和汗水,自不必多说。张瑞敏对公司的任何成员都是高标准,严要求。小到卫生清洁,大到家电生产,对工人工作的每一个环节制定标准的操作方法。在车间里,工具都要按要求摆放在同一个位置,执行严格的操作流程。从一个小的方面,清洁来说,张瑞敏对玻璃的清洁流程和标准都有一套严格的要求。从车间来说,生产冰箱的方法也是同一种固定不变的,并且对每一个工人都有定量要求,这样就在一定程度上保证了企业每天最小的生产数量,从而保证每天的获利额。

另外,在每个车间里,都有一个计件的系统,记录每个工人一天的生产数量,按量计算工资,通过金钱鼓励,促使工人最大限度地提高生产率。在海尔的车间里,有专门的班长来监督和计算小组成员的工作质量和数量,这里的班长就是基层管理人员。实行管理操作分开制,质量有了保证,避免了以前工人自管的忙碌却没效果的现象。海尔集团内部的纪律严明,任何人犯错误都是同等惩罚,有贡献同样奖励,要求雇员必须服从组织的决定。

【问题】

试用古典管理学理论解释海尔如何提高工厂的效率。

【知识点链接】

泰勒的科学管理理论的主要内容有:制定工作定额、挑选"第一流的工人"、实施标准化管理、实行差别的计件工资制度、强调工人和雇主之间"精神革命"、计划职能同执行职能分开、实行"职能工长制",以及在组织机构的管理控制上实行例外原理。

法约尔的一般管理理论可分为以下原则:劳动分工原则、权力与责任原则、纪律原则、统一指挥原则、统一领导原则、个人利益服从整体利益的原则、人员的报酬原则、集中的原则、等级制度原则、秩序原则、公平原则、人员的稳定原则、首创精神、人员的团结原则。

【案例分析】

1.该案例可以用到泰勒的科学管理理论以及法约尔的一般管理理论。

2.结合案例分析:海尔对工人工作的每一个环节都制定了标准的操作方法,工具都要按要求摆放在同一个位置,生产冰箱的方法也是同一种固定不变的。这是运用了泰勒科学管理理论中的实施标准化管理,在企业生产过程中,运用科学的方法对工人的操作方法、工具和劳动搭配,消除各种不合理的因素,把各种最好的因素结合起来,形成一种最好的方法。海尔集团对每一个工人都有定量的要求。运用了泰勒科学管理理论中的制定工作定额,根据合理科学的计算方法计算出一个工人的"合理的日工作量",这可以节约时间,并且提高企业的生产效率。在每个车间里,都有一个计件的系统,记录每个工人一天的生产数量,按量计算工资,通过金钱鼓励,促使工人最大限度地提高生产效率。通过实行差别计件工作制度,将工人的实际工作表现与工资挂钩,减少消极怠工的现象,更重要的是能调动工人的积极性,从而促使工人大大提高劳动生产率。在海尔的车间里,有专门的班长来监督和计算小组成员的工作质量和数量。通过实行"职能工长制",将管理的工作予以细分,专门的班长相当于一个管理者,管理者可以在车间保证生产产品的质量,并且其职责明确,因此可以在一定程度上提高工人的工作效率。

另外,海尔集团内部的纪律严明,任何人犯错误都是同等惩罚,有贡献同样奖励,还要求雇员必须服从组织的决定。这是运用了法约尔一般管理理论中的公平原则以及统一领导原则,对所有人公平惩罚,可以增强企业内部凝聚力,有效地解决工作中经常出现的错误。同时,要求所有雇员必须服从组织的决定,有利于公司决策的推行,提高工厂的效率。

总之,张瑞敏在管理海尔集团过程中运用了泰勒的科学管理理论以及法约尔的一般管理理论,通过实施标准化管理、制定工作定额、差别计件工作制度、职能工长制,以及实行公平原则和统一领导原则,将管理学理论与企业实际生产活动相结合,不断地提高工厂效率和产品质量。

案例 2-5　贾尼尼的浩劫

　　1928 年夏天,积劳成疾的美国银行家贾尼尼把业务交给儿子去打点,自己到风光旖旎的家乡意大利米兰休养,一天贾尼尼看到报纸头条上登载着这样一条消息:"贾尼尼此次在劫难逃! 他的控股公司——纽约意大利银行的股票暴跌 50％;加州意大利银行的股票亦出现 30％ 的跌幅。"贾尼尼大吃一惊,立马坐飞机赶回旧金山。他马上召开了紧急会议,面对心力交瘁的儿子玛利欧,他平静地说:"股票暴跌如此猛烈,一定是有人背后捣鬼,查出是谁了吗? 动机何在?"一旁的律师站起来替玛利欧回答:"股票暴跌是由摩根的纽约联邦储备银行引起的,他们认为我们意大利银行涉嫌垄断,逼我们卖掉 51％ 的股份。"局势危急,需要立即作出决策。玛利欧主张卖掉意大利银行的部分资产,然后再买进公开上市的股票,从而使意大利银行内部稳定,脱离华尔街股票市场。其他董事也赞成这个意见,认为只有如此,才能挽救意大利银行。但贾尼尼反对,他认为目前还不到"背水一战"的时候。那还有什么更好的办法呢? 众人都看着他,他们相信贾尼尼有办法,因为还从没有见贾尼尼束手无策过。然而贾尼尼放话让大家束手无策了:"我年纪大了,身体又不好,因此决定辞去意大利银行总裁的职务。"玛利欧急切地劝道:"爸爸,这不像您的决定,您不是那种轻易服输的人!"贾尼尼哈哈大笑:"放心吧,孩子,意大利银行绝不会倒下!"接着贾尼尼说了他的打算:"我之所以辞职,就是要以个人的身份去游说美国总统和财政部长,促使他们制定一条新的法令,使商业银行的全国分行网络合法化。"玛利欧没理会儿子的插话,自信地说:"我去游说政府,一方面是争取合理化;另一方面是缓兵之计。意大利银行不但不会倒下,而且还要在它的基础上设立一家更大的全国性的控股公司。"

　　在贾尼尼的安排下,玛利欧很快注册成立泛美股份有限公司,其最大股东就是意大利银行。由于它的股票分散在很多小股东手里,因而既巧妙地避开了垄断嫌疑,又掌握了实际的控制权。贾尼尼又以泛美股份公司的名义,把散落在外人手中的正在暴跌的意大利股票低价买进。摩根欲置意大利银行于死地的阴谋彻底粉碎了,意大利银行不仅没有垮,而且越来越壮大,后来还合并了美洲银行。

　　【问题】

　　试运用管理学的相关原理分析此案例。

　　【知识点链接】

　　权变理论是指企业管理要根据企业所处的内外条件随机应变,没有什么一成不变、普遍使用的"最好的"管理理论和方法。企业管理要根据企业所处的内部条件和外部环境来决定其管理手段和管理方法,即要按照不同的情景、不同的企业类型、不同的目标和价值,采取不同的管理手段和管理方法。

【案例分析】

试运用管理学的相关原理分析此案例。

1.分析以上案例需要运用管理理论中的权变理论。

2.结合案例分析:在面对意大利银行股票暴跌时,管理层想到的是卖掉意大利银行的部分资产,然后再买进公开上市的股票,从而使意大利银行内部稳定。而贾尼尼想到以个人的身份去游说美国总统和财政部长,促使他们制定一条新的法令,使商业银行的全国分行网络合法化。贾尼尼认为企业现在还不到"背水一战"的时候,另外对于股票暴跌还有一定的拯救空间,所以综合企业当时的内部条件和外部环境随机应变,采取了与一般使用的"最好的"解决措施所不同的方法,根据不同的情况及条件,制订出适当的解决方法,最后获得了成功,粉碎了敌人的阴谋。

3.总之,企业应根据不同的内部条件和外部环境决定其管理手段和管理方法,贾尼尼在应对企业危机时,没有选择普遍使用的"最好的"解决方法,而是随机应变,选择了最适合当时企业所处环境的解决方法,带领企业走出困境。

案例 2-6　猎人与猎狗

猎人养了几条猎狗,为了让它们能更多地捕获猎物,猎人想出了一个好主意:凡是能够在打猎中捉到兔子的,就可以得到几根骨头,捉不到的就没有饭吃。这一招果然有用,猎狗们纷纷去努力追兔子,因为谁都不愿意看着别人有骨头吃,自己没得吃。

就这样过了一段时间,问题又出现了。大兔子非常难捉到,小兔子好捉,但捉到大兔子得到的奖赏和捉到小兔子得到的骨头差不多,猎狗们善于观察,发现了这个窍门,专门去捉小兔子。慢慢的,大家都发现了这个窍门。猎人对猎狗说:最近你们捉的兔子越来越小了,为什么? 猎狗们说:反正没有什么大的区别,为什么费那么大的劲去捉那些大的呢? 猎人经过思考后,决定不将分得骨头的数量与是否捉到兔子挂钩,而是采用每过一段时间,就统计一次猎狗捉到兔子的总重量。按照重量来评价猎狗,决定一段时间内的待遇。于是猎狗们捉到兔子的数量和重量都增加了。

猎人很开心,但是过了一段时间,猎人发现,猎狗们捉兔子的数量又少了,而且越有经验的猎狗,捉兔子的数量下降得就越厉害。于是猎人又去问猎狗。

猎狗说:"我们把最好的时间都奉献给了您,主人,但是随着时间的推移我们会老,当我们捉不到兔子的时候,您还会给我们骨头吃吗?"

猎人做了论功行赏的决定,分析与汇总了所有猎狗捉到兔子的数量与重量,规定如果捉到的兔子超过了一定的数量后,即使捉不到兔子,每顿饭也可以得到一定数量的骨头。猎狗们都很高兴,大家都努力去达到猎人规定的数量。一段时间过后,终于有一些猎狗达到了猎人规定的数量。这时,其中有一只猎狗说:我们这么努力,只得到几根骨头,而我们捉的猎物远远超过了这几根骨头。我们为什么不能给自己捉兔子呢?"于是,有些猎狗离开了猎人,自己捉兔子去了。

猎人意识到猎狗正在流失,并且那些流失的猎狗像野狗一般和自己的猎狗抢兔子。

情况变得越来越糟,猎人不得已引诱了一条野狗,问他到底野狗比猎狗强在哪里。野狗说:"猎狗吃的是骨头,吐出来的是肉啊!"接着又道:"也不是所有的野狗都顿顿有肉吃,大部分最后骨头都没得舔!不然也不至于被你诱惑。"

于是猎人进行了改革,使得每条猎狗除基本骨头外,可获得其所猎兔肉总量的 n%,而且随着服务时间加长,贡献变大,该比例还可递增,并有权分享猎人总兔肉的 m%。就这样,猎狗们与猎人一起努力,将野狗们逼得叫苦连天,纷纷强烈要求重归猎狗队伍。

【问题】

请用行为科学管理理论分析此案例。

【知识点链接】

目标管理理论是泰勒科学管理理论的进一步发展,可概括为:①重视人的因素。目标管理是一种参与的、民主的、自我控制的管理制度,也是一种把个人需求与组织目标结合起来的管理制度。②建立目标锁链与目标体系。③重视成果。工作成果是评定目标完成程度的标准,也是人事考核和奖惩的依据,成为评价管理工作绩效的唯一标志。

马斯洛需求理论认为动机是由多种不同层次与性质的需求所组成的,而各种需求间有高低层次与顺序之分,每个层次的需求与满足的程度,将决定个体的人格发展境界。马斯洛理论把需求分成生理需求、安全需求、社会需求、尊重需求和自我实现需求五类,依次由较低层次到较高层次。

【案例分析】

请用行为科学管理理论分析此案例。

1.分析该案例可以用到行为科学管理理论关于目标管理的理论以及马斯洛的需求层次理论。

2.结合案例分析。首先,猎人想出一个好主意:凡是能够在打猎中捉到兔子的猎狗,就可以得到几根骨头,捉不到的就没有饭吃。对此可以根据行为科学管理理论分析,人的行为都是由动机引起的,而动机是由于人们本身内在的需要而产生的。猎狗们拼命在打猎中捉到兔子,是由于它们需要饭吃,这是它们的动机,猎人将任务与猎狗的基本需求挂钩,对猎狗完成任务有一定的激励作用。

其次,有一只猎狗说:"我们这么努力,只得到几根骨头,而我们捉的猎物远远超过了这几根骨头。我们为什么不能给自己捉兔子呢?"于是,有些猎狗离开了猎人。对此,可以利用行为科学管理理论和马斯洛的需求层次理论。在个体行为这个层次,个体行为会影响到群体行为,有一只猎狗有这种想法,离开猎人,在非正式组织中,会影响更多的猎狗有这种想法,最终变成群体行为。根据马斯洛的需求层次理论,当猎狗们较低层次的需求得到满足后,必然会追求较高层次需求,目标也趋向多元化,也会越来越注重精神上的享受和自我实现。

最后,猎人对制度进行了改革,使得每条猎狗除基本骨头外,可获得其所猎兔肉总量的 n%,而且随着服务时间加长,贡献变大,该比例还可递增,并有权分享猎人总兔肉的 m%。对此可以根据目标管理的相关理论来分析目标管理是将个人需求与组织目标结合起来的,使个人在完成任务的同时有所收获。猎人将猎狗的个人需求与整体的打猎目标结合起来,增强猎狗在完成任务中的自我满足感,充分调动其积极性,用以激励猎狗投入工作。

第 3 章　管理环境、文化与社会责任

案例 3-1　富士康"N 连跳"的背后

富士康的连跳事件曾经引起全社会的广泛关注,甚至激起了社会、专家关于现代农民工生活和心理的热烈讨论。如今,经过这些事件之后,富士康选择了加薪、转型和内迁之路。有关富士康的新闻从来没有断过。

据深圳市公安局宝安分局证实,2010 年 5 月 21 日清晨,富士康一名员工再次坠楼身亡,这是 2010 年以来富士康科技集团第 10 个坠楼的员工,这些坠楼者 8 死 2 伤。

从 2010 年 1 月到 5 月短短 4 个多月间,10 名富士康员工接连坠楼的"十连跳"事件将标榜"回馈社会,关爱员工"的富士康公司推向了舆论的风口浪尖。"跳楼事件"引起深圳市委、市政府和有关部门的高度关注,在第十跳发生之前,深圳市副市长、公安局局长李铭就来到深圳富士康科技集团,就其近期连续发生的员工跳楼事件进行调查,并与该集团高层商讨防范措施。

富士康采取的是国际产业链上兴起的一种管理模式,这种模式以企业利润为诉求,半军事化高强度工作管理模式是富士康企业文化的行为表现,但是军事化管理不等于粗暴和压抑性的管理,有些富士康员工曾亲眼见到下班集合整队时,个别人走得慢些,线长就会用脚去踹。在全球产业链下,中国作为世界工厂被纳入其中,要求更快的生产速度和更能满足个性化需求的产品市场,这就对工人的劳动过程提出更高的要求,由此形成了一种以"精益化生产方式"为主的产品"流线化"生产形式。整个工作流程分为了若干个节点,精细分工,每个工人只做流程中很小的一个环节,富士康公司就是如此。在接受媒体采访时,有富士康员工这样描述他们的生活,"每天十来个小时的工作很单调,而且工作纪律很严格,随便与同事说话就会被上司批评,严重的可能还会被记过。我们心里有事情一般不会去找上级主管谈,与工友也没时间交流。员工们都不敢招惹企业保安,保安可以随意审问员工。得罪了他们,可能会被拉到角落打一顿。"北京大学中国工人与劳动研究中心主任佟新就此认为,"全球产业链下的时间效率和零库存生产,使生产线上的工人失去了自我时间、人格和团结。"

富士康所在的深圳是全国最吸引农民工的城市之一。中国社会科学院农村发展研究所社会问题研究中心主任于建嵘曾对深圳农民工群体做过专门调研。这些农民工有两大

特点,一个是工作时间长、劳动强度大且生活非常单调,另一个是这些农民工普遍有漂泊感、很焦虑。深圳的打工者人数众多,且大部分是外来农民工,这些务工人员来自全国各个地区,在社会文化和生活文化等方面都存在很大的差异。"他们聚集到一个企业里,相互之间融合为一种文化是件很难的事情。"有富士康员工对媒体表示,他的寝室住了10个人,因为来自10个不同部门,平时大家基本上没有交流,做什么事彼此不沟通。

在第七起跳楼事件发生后,富士康公司请来五台山高僧做法事,祈求公司平静下来。然而,"高僧作法"并没有使事态平息。在不到一个星期的时间内,第八起跳楼事件又发生了。

"现在的'80后'、'90后'农民工不像上一辈人,他们有文化、有技术、有追求,渴望现代人的生活状态,他们不是为了生存而活着。他们带着梦想而来,渴望融入城市,而到了工厂才发现与自己想象的城市生活相去太远。这时,他们就会感到理想的破灭,开始质疑工作的价值。一旦这种对工作价值的否定延伸到对生命价值的否定,就有可能引发自杀行为,而这些自杀事件的当事人在企业里形同虚设,没有话语权。自杀本身就是一种价值判断,是对生命价值的否定。"越来越严重的跳楼事件发生后,富士康总裁郭台铭亲自前往深圳处理。

【问题】

1.富士康"N连跳"的背后反映出公司存在的问题及原因。

2.从企业、政府、新闻媒体以及消费者的角度提出解决问题的对策建议。

【知识点链接】

1.企业在创造利润、对股东利益负责的同时,还应承担对员工、对社会和环境的社会责任,包括遵守商业道德、生产安全、职业健康、保护劳动者的合法权益、节约资源等。

2.组织文化对组织整体和组织成员的价值取向和行为取向有导向功能。具体体现在两个方面,一是对组织成员个体的价值取向和行为起导向作用;二是对企业整体的价值取向和行为起导向作用。

3.企业社会责任的基本要求是要超越把利润作为唯一目标的传统理念,强调在生产过程中对人的价值的关注,强调对消费者、对环境、对社会的贡献。这一含义显示:企业的社会责任是多元化的,包括对员工的责任(如员工安全健康、培训等)。

4.道德观的类型之一为道德的功利观,即完全按照成果或结果制定决策的一种道德观点。功利主义的目的是为绝大多数人提供最大的利益。一方面,功利主义者鼓励效率和生产力,并符合利润最大化目标。但另一方面,它能造成资源的不合理配置,尤其当那些受影响的部门缺少代表或没有发言权时更是如此。功利主义还会造成一些利害攸关者的权益被忽视。

【案例分析】

1.富士康"N连跳"的背后反映出公司存在的问题及原因。

(1)员工的激励机制问题

第一,公司采用军事化管理,从"员工下班整队集合时,人走得慢点,线长就会用脚去踹","这些自杀事件的当事人在企业里形同虚设,没有话语权"和员工被保安群殴等信息可以看出,富士康不尊重员工的独立人格,员工没有尊严,违背员工激励机制中的尊重激励。

第二,从"公司将整个工作流程分为了若干个节点,精细分工,每个工人只做流程中很小的一个环节"这些信息可以看出,员工没有参与企业的日常经营管理,没有主人翁意识,这种每天重复性的劳动会磨损人的心理,员工产生情绪波动和厌世感。

第三,关心激励机制不到位,员工来自不同的地域,远离亲人,有漂泊感和焦虑感,晋升过程中受到歧视,自杀免责协议会使员工感到沮丧,这些情绪没有得到领导的关心,导致员工无归属感。

第四,信息交流激励不到位,领导和员工之间无思想交流,宿舍舍友之间不交流甚至不认识,导致员工情绪无处宣泄、倾诉,影响工作情绪。

(2)企业组织文化问题

企业管理层多数为台湾人,久而久之,大多数兢兢业业的大陆员工颇有怨言,越来越多的员工跳楼自杀,而这样的组织文化一旦形成,根据心理学的说法:这一行为会产生连锁反应,具有一定的导向作用,在高强度劳动和心理压力下,员工在绝望的时候有强烈的自杀心理暗示,也就很难保证这种情况不会再发生。此外,强调高效率运转、严格管理,人文关怀缺乏的组织文化只是企业管理层的一厢情愿,没有得到员工的普遍认同,因此也就没有任何的良性效应。

(3)企业社会责任问题

企业社会责任的含义中提到:企业的社会责任是多元化的,其中包括对员工的安全健康和培训等责任,履行这些责任的意义之一就是为了消除社会不安定因素,然而从接二连三的跳楼事件可以看出,富士康并没有很好地履行自己对于员工的责任。

(4)管理道德问题

企业管理道德观其中一条是道德的功利观,而富士康是以企业利润最大化为标准的,符合功利观的特点。秉持这种管理道德容易造成资源分配不合理,使利益相关者的权利被忽视,富士康员工的权利被忽视甚至被剥夺的程度还是非常严重的。

2.从企业、政府、新闻媒体以及消费者的角度提出解决问题的对策建议。

(1)创始人郭台铭的道歉并承诺加薪的措施并不能从根本上解决问题,要彻底解决问题,必须对企业文化、企业管理做一些变革,企业的管理层需从上到下认识到问题的严重性,下决心消除企业中非人性管理的方面。比如,保安殴打员工、命令式的管理模式、不合理的加班制度等等,让员工在工作中感受到大家庭的温暖,进而让他们打开心结。

(2)政府职能部门应该加强监管力度。政府部门不作为或作为力度不够,使各种规定变成一纸空文,导致惨剧发生的事件屡见不鲜。不能盲目追求 GDP,执法部门应致力于解决当地劳动者工资低于最低标准、无偿加班、上班时间严重超时等问题。维护工会在企业中的话语权,切实发挥工会维护劳动者合法权益的功能,守住社会责任的底线。

(3)企业文化的中心应当是以人为本,充分重视人的价值,调动员工的积极性和主观能动性,才能增强企业的实力;富士康选择军事化管理,不仅要学习军队中严格的纪律,更要做好政治思想工作;通过榜样人物、培训教育等方法充分宣传新的企业文化,领导以身作则、率先垂范并制定规章制度,保证企业人性化文化深入人心。

(4)改变粗暴的管理模式,增设心理健康辅导中心;对一线管理者进行培训,一线管理者对员工心理问题有发现、上报责任,增加必要的人文关怀,对事不对人,处理问题要公平,将员工心理健康纳入绩效考核;改变地域歧视的心理,允许有能力的大陆员工进入企业中高层,树立榜样,让员工看到晋升的希望;对于员工激励问题,可以借鉴工作特征模型五个核心维度对员工激励进行描述,提供工作扩大化、丰富化的机会。

案例 3-2　牧马人频繁自燃的漫长召回

2010 年 1 月 6 日,中国汽车召回网显示,克莱斯勒(中国)汽车销售有限公司 1 月 5 日宣布召回进口 2007/2008 款吉普牧马人车辆。召回原因为"变速箱提醒系统没有配置变速箱油温过热的警示功能"。如果车辆在越野模式下长时间剧烈行驶,变速箱油温会升高而导致潜在的危险。克莱斯勒表示,将通过刷新软件的方式在车辆信息中心增加显示"Oo135c"信息,并增加声音提示来指示变速箱油温升高。召回时间自 2010 年 2 月 10 日起至 2011 年 2 月 15 日,中国市场涉及 1809 辆。

随后,因上述问题多次与克莱斯勒进行交涉的牧马人车主李先生等人,分别获得了克莱斯勒的解决方案。这起轰动全国车界的、历时近一年之久的"牧马人车主与克莱斯勒之间召回博弈"事件也终于宣告结束。

但是,这次得之不易的召回却并未彻底解决牧马人原本存在的问题。Jeep 兄弟连法律顾问冒晓光透露,因克莱斯勒的召回方案中并未将隐患完全排除,目前已有车主向法院提起诉讼,要求克莱斯勒彻底消除这一隐患。冒晓光表示,车企进行召回但不能彻底解决相关问题的现象,这在我国汽车召回历史上还是第一次出现,消费者无法接受继续承担这种风险的现实。从法律层面讲,也绝对不允许让消费者承担由于汽车制造商的原因而产生的风险。

而让更多车主无法接受的,却是整个事件中克莱斯勒的态度。车主们表示,他们实在没有想到,在铁的事实面前,一个全球著名的车企竟然会和一些普通的消费者玩"躲猫猫",千方百计地逃避责任,直到国家质检总局出面才同意解决问题,这让他们感到既无奈又费解。

事情还要从 2009 年李先生的经历说起。2009 年 7 月 28 日,在天津经营生意的李先生投诉称,他一年前购买的克莱斯勒旗下牧马人汽车,在端午节期间的一次自驾游中突然起火自燃,几分钟之内便完全烧毁。随后李先生多次联系克莱斯勒公司,后者始终没有给他明确的说法。

就在李先生为"讨说法"而反复奔走的同时,克莱斯勒的牧马人撒哈拉正在频繁发生着自燃,而车主也正在经历着和李先生一样艰难的维权经历。据了解,就在李先生的车发生自燃前一个月,车主"唐山小胖"的牧马人在翡翠岛突然起火自燃!2009 年 7 月 4 日,一位天津车主驾驶的牧马人,在秦皇岛起火自燃!而据 Jeep 兄弟连的调查显示,2009 年上半年,同一款牧马人越野车已经发生多起自燃事故,仅掌握在 Jeep 兄弟连俱乐部手里的信息就有 6 起之多。

鉴于这种情况，李先生所参加的 Jeep 兄弟连俱乐部队长杨建华决定站出来协助会员维权。随后，克莱斯勒中国区售后服务和负责销售的相关负责人等应邀到"连部"进行了沟通。但接下来发生的事情却让李先生感到匪夷所思。一位克莱斯勒负责人私下里找他进行协商，让李先生在网上发帖子进行"澄清"，表明克莱斯勒一直在和其密切沟通，并让李先生承认自己的车曾经做过改装。为了早日解决问题，李先生便在其"授意"下，发了一篇替克莱斯勒澄清的"声明"。

但是这份"声明"却让克莱斯勒为这件事画上了句号。很快，克莱斯勒公开发表《关于 Jeep 牧马人在中国自燃问询的回应》，回应中，克莱斯勒却将牧马人自燃的原因归咎为"改装"。

这纸回应引起了李先生等车主们的极大不满。李先生称，他的车是 2008 年 4 月份购买的，且只是"为了照明视野更好，在一家正规的 4S 店安装了猎灯"。并且"猎灯是从正规商店购买的美国产品，包括灯架、电线等，全部为正品"。因此绝对不存在克莱斯勒所说的"非正规渠道改装"的问题。

其后，Jeep 兄弟连队长杨建华邀请了一些汽车维修及改装领域的权威专家，对车辆进行了检测并得出结论：由于变速箱设计缺陷，车辆在高负荷及高温状态下，变速箱油温过高，变速箱油会顺着通气孔油管喷洒到 EGR 阀及油尺附近，三元催化转换器紧贴着发动机右侧，高温的油落到高温的排气管及三元催化转换器上，引发变速箱油起火，火势将发动机周边附件易燃物点燃，直接导致车辆燃烧。车主认为，克莱斯勒应该马上负起责任，不但要给中国消费者一个明确的态度、圆满的解决方案，还应全球召回该款牧马人，还车主以安全保障。但是，克莱斯勒却并未正面理会中国车主的态度，仍然试图逃避责任。在沉默的表象背后，克莱斯勒正在进行着大力度的"危机公关"，试图掩盖舆论的声音。

2009 年 10 月，国家质检总局组织了一支汽车方面的专家团队，对自燃车辆进行拆解取样，检测之后，得出结论：牧马人在行驶过程中，其变速箱的油温会迅速升高，高温的油向外喷溅，从而引发火灾。

2009 年 11 月 16 日，牧马人车主们终于盼来了克莱斯勒公司的召回通告，克莱斯勒在通告中承诺"为所召回的车辆在仪表盘上免费加装警报信息显示和声音提示系统，以提示变速箱油温状况，消除隐患"。但这个召回方案再一次让中国车主不满。车主认为，加装警报信息显示和声音提示系统并不能彻底解决自燃问题，真正的问题在变速箱，不解决变速箱的问题，隐患仍然存在。为此，中国相关部门的意见为：克莱斯勒应更换新型变速箱、改装供油系统的电脑控制程序，进一步解决变速箱散热的问题。但克莱斯勒方面迟迟没有正面答复。

2009 年 12 月 7 日，国家质检总局发出风险警示通告，提示车主，如发现车辆使用过程中因变速器过热而导致的异常情况（如起火、冒烟、有焦煳味等），须立即与最近的克莱斯勒授权服务中心联系，以便各服务中心采取有效处理措施。同时要求各直属检验检疫局加强对辖区内进口 Jeep 牧马人越野车的检验监管。2010 年 1 月 5 日，克莱斯勒（中国）汽车销售有限公司发出具体召回通知，但原有解决方案并未改变。

【问题】

1.克莱斯勒哪些行为说明它没有很好地承担企业社会责任？案例中李先生的行为会

造成怎样的影响？

2.企业应当如何处理这些问题才是主动承担社会责任的表现？谈谈企业应当如何提高售后服务质量？

【知识点链接】

企业在创造利润、对股东利益负责的同时，还要承担对员工、对社会和环境的社会责任，包括遵守商业道德、生产安全、职业健康、保护劳动者的合法权益、节约资源等。企业社会责任的含义包括企业对消费者的责任，如保证产品质量、诚信等。企业社会责任的内容要求企业必须保质保量地为市场提供优良产品和优质服务，绝对不能搞伪劣产品和虚假服务，否则，就是根本没有履行自己的社会责任。管理者应当认识到，其经营活动对其所处的社会将会产生很大的影响；而社会发展同样也会影响其追求企业成功的能力。

【案例分析】

1.克莱斯勒哪些行为说明它没有很好地承担企业社会责任？案例中李先生的行为会造成怎样的影响？

根据企业社会责任的内涵可以看出，企业对消费者负有保证产品质量合格、社会诚信良好等责任，企业需要保质保量地为市场提供优良产品和优质服务，绝不能搞伪劣产品和虚假服务。通过这个案例可以看出，克莱斯勒对牧马人自燃问题频发，迟迟不作回应，闪烁其词，甚至归咎于"改装"的问题来推脱责任，没有明确的解释，可以看出企业没有履行保质保量的社会责任；此外，对中国车主的要求迟迟不作正面回应，试图掩盖舆论的声音，没有彻底解决问题态度，可以看出企业没有履行诚信服务的社会责任。

企业长期频繁召回行为会伤害到品牌形象，如果一味追求销量而忽视品牌，甚至伤害品牌，企业的品牌价值就会下降，一个品牌的树立过程长久而艰辛，但摧毁却在旦夕之间。对品牌的伤害，其后果很难修复。

一些消费者为了尽快解决问题采用了错误的做法，比如，文中的李先生，为了问题尽快得到解决，在克莱斯勒负责人的"授意"下发表了澄清声明，从某种程度上混淆了视听，反而拖慢了事情解决的进度，是对企业不履行社会责任问题的一种包庇。

2.企业应当如何处理这些问题才是主动承担社会责任的表现？谈谈企业应当如何提高售后服务质量？

克莱斯勒应对所有牧马人车主在安全方面作出负责任的、正面的回应，并给出明确的解决方案，比如，向事故车主提供临时代步车，保证车主日常出行方便；并尽快寻求最终解决方法，比如尽快补偿给事故车主一辆质量合格的产品；继续与车主保持沟通，随时了解车主的需求，寻求双方都满意的解决方案。

企业应在今后的生产过程中尽快改善车辆变速箱等零件的设计缺陷，从源头上彻底消除车辆自燃的隐患，让消费者能够放心购买，这样就会对企业的品牌进行一定程度的挽救，从而提高企业售后服务质量。

案例3-3 APP(中国)金海浆纸庄严的绿色承诺

中国的造纸行业面临着长期的挑战,国内用纸需求的不断上升,行业未来原材料供应的巨大缺口,加上国家面临着发展经济和环境保护的双重任务,使得中国造纸业必须找到一条可持续发展的道路。APP(中国)于2008年6月发布《"立足中国,绿色承诺"可持续发展宣言》,希望通过这种公开、透明的沟通方式带动造纸行业共同致力于行业可持续发展的探索和实践,积极推动造纸行业成为解决资源匮乏、环境污染隐患、经济责任等挑战的方案制订者和执行者,而非问题制造者。在全体员工的共同努力之下,APP(中国)开展的"立足中国,绿色承诺"实践工作在2008年第四季度取得了长足的进步和发展。

在林业可持续发展方面,实行林浆纸一体化。林浆纸一体化是资源集约化、生产清洁化、技术集成化、产品功能化和经济规模化的基础,代表世界造纸产业发展的主要趋势。早在20世纪70年代,林浆纸一体化就已经成为国际造纸业的发展模式。但在中国,由于森林资源贫乏,长期以来形成了以草为主的原料方针,但草浆制纸污染较大,并对造纸企业的规模产量有一定限制。因此,1990年代中期国家明确了造纸原料以木材为主,确定了林浆纸一体化的发展方针。APP(中国)从上世纪末在海南发展以来,在当地政府的大力支持下,成立了林浆纸一体化工程的第一生产车间浆纸林基地海南金华林场,至今共发展林地总面积约103万亩,在满足公司浆纸厂制浆造纸需求的同时,为整个海南森林覆盖率贡献了2个百分点。而在全国,APP建造的人工林有30万公顷之广,其中83%得到了国家认证。

作为绿色造纸的龙头企业,APP(中国)以林浆纸一体化的循环发展模式作为企业可持续运营的核心理念,持续推广可持续营林,逐步得到了政府、公众及媒体舆论的认可。APP(中国)林务总部所属的海南、广东、广西等地6家林业公司通过了挪威船级社(Det Norske Veritas,简称DNV)ISO14001环境管理体系认证的年度审核,各项经营活动符合ISO14001标准要求。

在清洁生产领域,早在2011年,金海浆纸便紧随APP(中国)总部的步伐响应了联合国水之使命倡议,配备了最新的环保生产设备和技术,提高生产效率,降低水和蒸汽的消耗,改进废水处理及实现水在生产过程中的循环利用。数据显示,2014年,金海浆纸的年循环用水总量已达9亿多立方米,处于行业领先地位。截至目前,其制浆生产线的吨浆耗水量为24 m³/Adt,水循环利用率达到95%以上,吨浆废水排放量为17 m³/Adt,其制浆废水经过物化、生物、强氧化的三级处理后,已远优于国家排放标准,经过处理净化的水甚至可以养鱼。烟气排放同样是金海浆纸环境管理的重要方面。烟气的排放主要来自自备电厂能源消耗过程中产生的二氧化硫、氮氧化物及粉尘。金海浆纸投入巨资在多燃料锅炉安装四电场静电除尘器及脱硫脱硝系统,除尘率达99%以上,脱硫效率达90%以上,每年减少SO_2排放1792吨。APP(中国)继续加大环保投入,截至目前在环保上的投入已超过50亿元人民币;委托独立第三方完成了首份碳足迹评估报告,为企业节能减排工作的持续改善提供参照基准。

造纸的减排数据,包括吨浆/纸水耗、吨浆/纸废水排放量和吨浆/纸 COD 排放均已优于承诺目标。凭借在企业社会责任领域的长期贡献,APP(中国)荣获"中华慈善奖"。此外,APP(中国)在四川地震灾后出资 2000 万元重建通济中学,另在中国福建及海南等地设立奖学金及教育基金等也得到持续的投放。

【问题】

1.APP(中国)在承担企业社会责任的具体做法方面有哪些可取之处?

2.APP(中国)在承担社会责任方面能给其他企业带来哪些启示?

【知识点链接】

企业对社会的责任包括对环境的责任(如环境保护、资源循环利用等)、对社区责任(如社团和慈善捐赠等)。企业在创造利润、对股东利益负责的同时,还要承担对员工、对社会和环境的社会责任,包括遵守商业道德、生产安全、职业健康、保护劳动者的合法权益、节约资源等。企业社会责任的明确有助于保护资源环境,实现可持续发展。企业通过技术革新可首先减少生产活动各个环节对环境可能造成的污染,同时也可以降低能耗,节约资源,降低企业生产成本,从而使产品价格更有竞争力。企业还可以通过公益事业与社区共同建设环保设施,以净化环境,保护社区及其他公民的利益。

【案例分析】

1.APP(中国)在承担企业社会责任的具体做法方面有哪些可取之处?

(1)通过案例可以看出,APP(中国)在林业领域实行林浆纸一体化的发展方针,建造自己的浆纸林场——海南金华林场,不但满足了企业自身生产纸张所需的浆料供应,还植树造林,为整个海南提高了森林覆盖率,为环保做了一份贡献,对生态环境负责。在现今加快生态文明建设的政策下,这种环保绿色可持续的发展模式是值得提倡和学习的。

(2)企业在清洁生产和造纸减排领域,配备了最新的环保生产设备和技术,经过物化、生物、强氧化三级废水处理后实现水在生产过程中的循环利用;在烟气处理方面,金海浆纸投入巨资在多燃料锅炉安装四电场静电除尘器及脱硫脱硝系统,除尘率达 99% 以上,脱硫效率达 90% 以上,每年减少 SO_2 排放 1792 吨。为环保做出巨大贡献,切实履行了企业的环保社会责任。

(3)APP(中国)在四川地震灾后出资 2000 万元重建通济中学,另在中国福建及海南等地设立奖学金及教育基金等也得到持续的投放。根据企业社会责任的内涵,企业的此项举措履行了企业的社区责任,为社会消除了一定的不安定因素,同时,也得到了老百姓和政府的一致好评,有利于企业今后的长远发展。

2.APP(中国)在承担社会责任方面能给其他企业带来哪些启示?

APP(中国)在造林、造纸、废污处理等所有环节环境保护方面不遗余力,使生产过程中各项环保指标均优于国家标准,这样做还大幅降低了公司违反环保法律及法规的营运风险,达成企业效益及生态保护双赢的局面,为公司与当地的可持续发展奠定了坚实基础。

生态保护是企业社会责任重要组成部分。全球变暖、生态危机深刻影响着世界经济社会的可持续发展,直接威胁着人类的生存。企业在生态危机面前无疑扮演着重要角色,自觉走低碳、绿色发展之路,保护生态环境已经成为企业社会责任的重要组成部分。

传统纸业曾经滥砍滥伐自然林,对生态环境造成了严重后果,有些企业并没有把保护环境的法律法规内化为企业的行为准则,只是一味地追求利益的最大化,而 APP(中国)能够主动承担环保责任,为增加森林资源,减缓和适应气候变化,保护生物多样性和改善生态环境做出了积极贡献,已经成为中国造纸业生态保护的亮丽名片。

现代企业应该把自身利益与社会责任结合起来,把绿色低碳生产方式作为企业发展的内在动力,形成发展绿色经济、可持续发展的现代企业理念。在经济转型、产业升级的新常态下,构建生态文明体系和践行社会责任是企业义不容辞的责任。APP(中国)倡导海南自然保护区人工林生态修复项目等也得到了当地政府与居民的好评。

建设良好的生态环境需要接受舆论监督,公众的参与和媒体的监督尤为重要。在不少造纸企业对媒体敬而远之的情况下,APP(中国)能够主动对媒体敞开大门,接受媒体监督,这需要很大的勇气,更是体现了 APP(中国)真正支持并追求可持续发展的底气。

案例 3-4　从沃尔玛发展看企业履行社会责任

沃尔玛百货有限公司由美国零售业的传奇人物山姆·沃尔顿先生于 1962 年在阿肯色州成立。经过 40 多年的发展,沃尔玛公司已经成为美国最大的私人雇主和世界上最大的连锁零售企业。沃尔玛在全球 27 个国家开设了超过 10000 家商场,下设 69 个品牌,全球员工总数 220 多万人,每周光临沃尔玛的顾客 2 亿人次。沃尔玛公司一贯秉承“帮顾客节省每一分钱以使顾客过上更美好的生活”的企业使命。自 1996 年进入中国市场以来,沃尔玛始终坚持优秀企业公民的标准,在中国的企业社会责任的计划重点体现在保护环境、回馈社区、关爱儿童、支持教育和救助灾区等五方面。

在环境保护方面:沃尔玛积极参与各项环保公益项目,范围涵盖绿色能源利用、环保节能、噪音控制、植树造林等各个领域。100% 使用再生能源、实现零浪费、出售对环境和自然资源无害的产品是沃尔玛在环保方面的目标。

在回馈社区方面:作为所在社区的一员,沃尔玛奉行“公司回馈社区、做社区好邻居”的传统。公司员工踊跃参加社区活动,帮助孤寡老人、残疾人和困难家庭等弱势群体。除了经常开展的各项社区活动以外,沃尔玛还在中国的传统节假日积极组织员工深入社区,扶贫问暖,帮助困难群众解决实际困难。

在关爱儿童方面:沃尔玛开展了一系列以关爱儿童为主题的社区公益活动,包括向儿童福利院和残疾儿童学校捐赠,积极组织开展儿童书画比赛等活动。

在支持教育方面:沃尔玛一直大力资助科研性研究项目、希望工程、雏鹰展翅计划等,以实际行动支持中国教育事业的发展,以多种方式帮助优秀学生成才。

在救助灾区方面:在洪水、地震、火山等自然灾害或突发疾病疫情面前,沃尔玛总是以较快的反应速度和切实行动,协同相关部门,给予灾区和处在困境中的人们以帮助和温暖。沃尔玛在美国卡特里娜飓风之后的迅速反应曾赢得了美国政府和民众的一致的赞赏。在中国,沃尔玛在救灾赈灾方面所做的努力同样获得了当地政府和社区的好评。

【问题】

沃尔玛的社会责任具体体现在哪几个方面?

【知识点链接】

企业在创造利润、对股东利益负责的同时,还要承担对员工、对社会和环境的社会责任,包括遵守商业道德、生产安全、职业健康、保护劳动者的合法权益、节约资源等。

【案例分析】

企业履行社会责任有助于缓解贫富差距,消除社会不安定的因素。企业也可通过慈善公益行为帮助落后地区的人民发展教育、社会保障和医疗卫生事业,既解决当地政府因资金困难而无力投资的问题,帮助落后地区逐步发展社会事业,又通过公益事业达到无与伦比的广告效应,提升企业的形象和消费者的认可程度,提高市场占有率。此外,企业履行社会责任有助于保护资源和环境,实现可持续发展。企业还可通过公益事业与社区共同建设环保设施,以净化环境,保护社区及其他公民的利益。这将有助于缓解城市尤其是工业企业集中的城市经济发展与环境污染严重、人居环境恶化间的矛盾。

积极承担企业的社会责任,是沃尔玛取得成功的主要原因之一。沃尔玛非常清楚地认识到履行企业社会责任的价值所在,并通过公益营销取得承担社会责任与实现经济效益的统一。鉴于企业的性质及特点,沃尔玛的企业社会责任体系主要包括三个方面,即社区、雇员和环境。针对每一个方面,沃尔玛都制定了详细的责任范围,以保证企业责任的切实落实。同时,沃尔玛在承担每一项社会责任的同时,还注重将社会责任理念传播给责任对象。也因此,沃尔玛的商业声誉不断地得到提升,集团的不断扩张成为一种必然的趋势。依靠积极、主动、持续的公益赞助,沃尔玛在中国市场建立起了良好的品牌美誉度与强大的影响力,成为知名度最高、大学毕业生最向往工作的跨国企业。

案例 3-5　从同仁堂百年老店看企业文化的传承

同仁堂宣传部长姜晓东认为,企业总是面临着不断变化的竞争环境,但优秀的企业文化则能使其"以不变应万变"。事实上,我们见证了同仁堂经历了 300 多年的历史,仍然具有旺盛的企业生命力。对比一下美国《财富》杂志的报道数据,美国中小企业平均寿命不到 7 年,大企业平均寿命不足 40 年。而中国,中小企业的平均寿命仅 2.5 年,集团企业的平均寿命仅 7~8 年。美国每年倒闭的企业约 10 万家,而中国有 100 万家,是美国的 10 倍。不仅企业的生命周期短,能做强做大的企业更是寥寥无几。同仁堂却生存了 300 多年,这是多么令人惊讶又合情合理的事情。之所以是合情合理的,原因在于同仁堂坚持了其优秀的企业文化——诚信!

我们知道同仁堂最早是为皇宫内廷制药的,所以来自外在压力的影响,同仁堂必须认真谨慎,不得马虎,诚实守信。另外,最重要的是内在因素,同仁堂坚持"修合无人见,存心有天知"的诚信敬业信条。所以同仁堂的产品质量广受消费者信任,使其事业发展走得长远。诚信,是一个人们最熟悉不过的字眼了,可是要把这个原则坚持下来,确实不简单。

在我了解到的企业中,把诚信理念贯彻得如此淋漓尽致的,也只有这家百年老店了。"质量即生命,责任重泰山,一百道工序,一百个放心"。同仁堂说到,也做到了。

有个记者采访了同仁堂的一位选材料的老太太,每年从这位选材料的老太太手中扔掉的药材数以万计,无论那药材多贵重,老太太就是这么严格,这么执着,不合要求的就得扔。曾经有其他企业用 10 倍、20 倍的高薪挖老太太,却被拒绝了。老太太说"你们挖我过去无非就是想提高你们的信誉,但是当我真正要扔掉你们的药材,你们肯定舍不得,只有同仁堂才舍得让我这么做。"另外,记者问老太太,"如果你退休了,同仁堂选材料的事怎么办呢?"老太太介绍了她旁边 40 来岁的男子,这就是她带出来的徒弟。

另外,同仁堂的一大特色是坚持了中医药"师傅带徒弟"、口传心授的传统育人理念,辅以多岗培训、派出进修、竞赛比武、自学奖励等机制,强调课程体系差异化、培训资源多样化、全员培训普及化,充分调动青年员工的学习积极性,形成了人才接力梯队,并结合员工发展特点,建立了管理干部、重点专业人员、高级技工三大类人员的发展通道,因材施教,为员工提供不同的发展空间。这为人才铺设了一个快速成长的绿色通道,让每位员工都看到自己的发展前途和自我价值。众所周知,医疗人才多半有自己的一技之长,事业发展前景和学技术往往比丰厚的薪酬待遇更有吸引力。同仁堂恰恰提供了这样的平台。把真正有热情的人才留下来服务企业,同时这些原则在"师傅带徒弟"的这种方式中,使他们对同仁堂的企业文化有更深入的认同,对同仁堂具有更强烈的归属感和荣誉感。这也成为同仁堂保障其纯粹的优秀文化的重要手段。

从同仁堂的发展史来看,无论其生长在大清年代或是当今社会,无论发展在中国还是国外,无论面对消费者还是员工,它都由始至终地坚持了诚信这一根本的核心文化。

【问题】
结合组织文化相关理论分析同仁堂是如何塑造组织文化的。

【知识点链接】
组织文化的四个层次:表层的物质文化、浅层的行为文化、中层的制度文化、深层的精神文化。组织文化的功能:导向功能、约束功能、凝聚功能、激励功能、辐射功能、调试功能。组织文化塑造的基本原则:以人为中心(尊重人、关心人、依靠人、理解人、信任人),重在领导(领导是组织文化的发动者、推动者、建设者和传播者),凸显特色(建设具有自己特色的文化),努力创新,赢在执行。

【案例解析】
1.深层的精神文化,这是现代企业文化的核心层,指组织在运行过程中所形成的独特的意识形态和文化观念。它包括组织目标、组织精神、组织风气、组织道德和组织哲学等。精神文化往往是一个组织长期积累和沉淀的结果。而组织文化的塑造要以人为中心,重在领导,凸显特色,努力创新,赢在执行。

2.就同仁堂这个组织来说,诚信是企业深层次的精神文化,在瞬息变化的竞争社会,企业依然坚持自己的组织理念,将诚信体现得淋漓尽致。"质量即生命,责任重泰山,一百道工序,一百个放心"。同仁堂说到,也做到了。而且在企业文化中注重以人为中心,同仁堂的一大特色是坚持了中医药"师傅带徒弟"、口传心授的传统育人理念,辅以多岗培训、派出进修、竞赛比武、自学奖励等机制,强调课程体系差异化、培训资源多样化、全员培训普及化,充分调动青年员工的学习积极性,形成了人才接力梯队,并结合员工发展特点,建立了管理干部、重点专业人员、高级技工三大类人员的发展通道,因材施教,为员工提供不同的发展空间。这为人才铺设了一个快速成长的绿色通道,让每位员工都看到自己的发展前途和自我价值。

3.每个人都有自己的个性,组织也同样有自己的"个性",这才是组织、企业文化。我们应该充分分析组织的环境,提炼企业的核心价值观,凸显自己的特色,这样的组织才会发挥企业文化的功能,更好地为员工起到导向、约束、凝聚、激励、辐射和调试的作用,企业才会更好地发展和运营。

第 4 章　计划

案例 4-1　10 分钟提高效率

美国某钢铁公司总裁舒瓦普向一位效率专家利请教:"如何更好地执行计划?"利声称可以给舒瓦普一样东西,在 10 分钟内能把他公司业绩提高 50%。接着,利递给舒瓦普一张白纸,说:"请在这张纸上写下你明天要做的 6 件最重要的事。"舒瓦普用了约 5 分钟时间写完。利接着说:"现在用数字标明每件事情对于你和公司的重要性次序。"舒瓦普又花了约 5 分钟做完。利说:"好了,现在这张纸就是我要给你的。明天早上第一件事是把纸条拿出来,做第一项最重要的。不看其他的,只做第一项,直到完成为止。然后用同样办法对待第 2 项、第 3 项……直到下班为止。即使只做完一件事,那也不要紧,因为你总在做最重要的事。你可以试着每天这样做,直到你相信这个方法有价值时,请按你认为的价值给我寄支票。"

一个月后,舒瓦普给利寄去一张 2.5 万美元的支票,并在他的员工中普及这种方法。5 年后,当年这个不为人知的小钢铁公司成为世界最大钢铁公司之一。

计划,并集中全部精力去实现之。本案例涉及计划的重要性、内容、制订计划的原则等知识点。

【问题】

1.为什么总裁舒瓦普有计划却难以执行? 效率专家利的方法的关键在哪里?

2.效率专家利认为"即使只做完一件事,那也不要紧,因为你总在做最重要的事"。你认为制订计划光是做最重要的事够吗?

3.效率专家利执行计划的方法使这个不为人知的小钢铁公司成为世界最大钢铁公司之一。为什么计划能有这么大的作用?

【知识点链接】

计划是管理的首要职能,是一切工作的基础。人们常把计划比喻成管理的宪法,可见计划的重要性。计划工作,实际上就是事先决定做什么、如何做,以及由谁去做的问题。制订计划应遵循重点、统筹、连锁、发展、便于控制和经济原则。

【案例分析】

1. 为什么总裁舒瓦普有计划却难以执行? 效率专家利的方法的关键在哪里?

计划工作的内容不仅要制定目标,还包括原因、人员、时间、地点、手段等。总裁舒瓦普没有列出执行计划的具体时间、地点等,当然难以执行,而效率专家利恰恰抓住了这些关键,即即时、即地要实现的目标是什么,马上完成这些紧急计划。

2. 效率专家利认为"即使只做完一件事,那也不要紧,因为你总在做最重要的事"。你认为制订计划光是做最重要的事够吗?

效率专家利的做法说明制订计划应遵循重点原则,切忌眉毛胡子一把抓,否则难以有效地制订、执行计划。除重点原则外,我们在制定计划时还应遵循统筹、连锁、发展、便于控制和经济原则。

如果一味地强调重要,就一直盯着做,而事实上难以完成或荒废了太多时间与精力,则得不偿失。

3.效率专家利执行计划的方法使这个不为人知的小钢铁公司成为世界最大钢铁公司之一。为什么计划能有这么大的作用?

计划作为管理的首要职能,是组织实施的纲要,为控制提供标准,领导在计划实施中确保计划取得成功。计划的作用主要表现在:弥补不确定性和变化带来的问题;有利于管理人员把注意力集中于目标;有利于提高组织的工作效率;有利于有效地进行控制。

案例 4-2　Swan 公司的市场计划

Swan 于 1895 年在芝加哥创办了 Swan 自行车公司,后来成长为世界最大的自行车制造商。在 1960 年代,Swan 公司占有美国自行车市场 25％ 的份额,不过,过去是过去,现在是现在。

小 Swan 是创始人的长孙,1979 年他接过公司的控制权,那时,问题已经出现,而糟糕的计划和决策又使已有的问题雪上加霜。

在 1970 年代,Swan 公司不断投资于它强大的零售分销网络和品牌,以便主宰 10 挡变速车市场。但是进入 1980 年代,市场转变了,山地车取代了 10 挡变速车成为销量最大的车型,而且轻型的、高技术的、外国生产的自行车在成年的自行车爱好者中日益普及。Swan 公司错过了这两次市场转型的机会。它对市场的变化反应太慢,管理当局专注于削减成本而不是创新。结果,Swan 公司的市场份额开始迅速地被更富有远见的自行车制造商夺走,这些制造商销售的品牌有特莱克、坎农戴尔、巨人和钻石。

或许,Swan 公司最大的错误是没有把握住自行车是一种全球产品,公司迟迟未能开发海外市场和利用国外的生产条件。一直拖到 1970 年代末,Swan 公司才开始加入国外竞争,把大量的自行车转移到日本进行生产,但到那时,不断扩张的台湾地区的自行车工业已经在价格上击败了日本生产厂家。作为对付这种竞争的一种策略,Swan 公司开始少量进口中国台湾省制造的巨人牌自行车,然后贴上 Swan 商标在美国市场上出售。

1981 年,当 Swan 公司设在芝加哥主要工厂的工人举行罢工时,公司采取了也许是最愚蠢的行动。管理当局不是与工人谈判解决问题,而是关闭了工厂,将工程师和设备迁往中国台湾省的巨人公司自行车工厂。作为与巨人公司合伙关系的一部分，Swan 公司将所有的一切，包括技术、工程、生产能力都交给了巨人公司，这正是巨人公司要成为占统治地位的自行车制造商所求之不得的。作为交换条件，Swan 公司进口和在美国市场上以 Swan 商标经销巨人公司制造的自行车。正如一家美国竞争者所言："Swan 将特许权盛在银盘上奉送给巨人公司"。

他们自己的商标的市场份额 1992 年 10 月跌到 5％时，公司开始申请破产。

【问题】

1. 按上述影响计划的权变性因素，公司在 20 世纪 60、70、80 年代的计划应该是怎样的？

2. 应当制订怎样的长期计划来挽救该公司？

【知识点链接】

作为管理的四大职能之首，计划的重要性显而易见，而计划的制定根据所涉及的时间又可分为长期计划、中期计划和短期计划。

【案例分析】

1. 按上述影响计划的权变性因素，公司在 20 世纪 60、70、80 年代的计划应该是怎样的？

权变变量要求包含以下四个因素：组织的层次、组织的生命周期、环境的不确定性程度、未来许诺的期限。从本案例来看，Swan 公司关键是要根据组织的生命周期，确定合适的计划。1965 年，即 1960 年代，公司占有美国自行车市场 25％的份额。可以说组织进入高速成长期。这时随着目标更确定，资源更容易获取和顾客忠诚度的提高，计划应该更具有明确的目标，因此应该制订短期的计划。(1)扩大现有的市场份额，建立强大的零售分销网络和巩固品牌优势，提高收入以增加利润。(2)认识到自行车是一种全球产品，积极开发海外市场和利用国外的生产条件。

1975 年，公司已进入成熟期，则应制订长期的具体计划：(1)根据利润＝收入－成本，当产品达到一定的成熟期后，考虑如何切实有效地缩减成本，以提高利润。(2)对当前的市场环境进行有效分析，富有远见地不断投资进行创新，做到生产一代、研制一代、开发一代。

1985 年，公司产品已进入衰退期，"市场份额开始迅速地被更富有远见的自行车制造商夺走"。这时计划也应从具体性转入指导性，目标要重新考虑，资源重新分配。这时的计划应该是短期的更具有指导性，即考虑如何在公司现有的基础上，寻找新的目标，重振 Swan 公司雄风。

2. 应当制订怎样的长期计划来挽救该公司？

更有效的长期计划将会挽救 Swan 公司，避免使其陷入现在"申请破产"的境地。主要从以下三方面论述。

(1)长期计划趋向于包含持久的时间间隔，并且覆盖较宽的领域和不规定具体细节。

它的主要任务是设定目标。只有制订了有效的长期计划，才能促使管理者展望未来，预见变化，考虑变化的冲击，并制定适当的对策，以迅速对不断变化的环境做出有效的反应，而不致陷入挨打、被人牵着鼻子走的被动局面。

（2）Swan 自行车公司的管理者不能针对动态的环境，制订一个有效的长期计划。

从案例中看出，Swan 自行车公司"在 1970 年代，不断投资于它强大的零售分销网络和品牌，以便主宰 10 挡变速车市场。但是进入 1980 年代，市场转变了……"该公司也有它的基础是假定未来的时代将比现在更好，也就是说企业所面临的好环境不会改变，因此它面向未来的计划不过是将公司的过去加以延伸，而没有适应环境的变化，及时制订一个更有效的计划。其实，进入 1980 年代，由于环境的变化，市场的需求也发生了改变，而 Swan 公司则"错过了两次市场转换的机会"，使市场份额开始迅速地被更高级元件的自行车制造商夺走。

Swan 公司在 1970 年代竞争加强的过程中，仍然没有对全局有一个清醒的认识，缺乏对企业定位的战略性计划。因此在竞争对手巨人公司逐步扩大的威胁中，着眼于被动地应付竞争，而没有深层次分析竞争对手的威胁，以致逐渐"将所有的一切，包括技术、工程、生产能力都交给了巨人公司"，最终陷入"公司开始申请破产"的困窘境地。

这整个的过程充分说明 Swan 公司在动态的市场环境中缺乏一个战略管理过程。

（3）制订更有效的长期计划，有赖于组织实行战略管理过程。

战略管理过程共包括 9 个步骤，它们是一个战略计划实施和评价的过程。下面我们从战略管理过程的角度详细分析 Swan 公司：

①确定组织当前的宗旨、目标和战略。在 1960 年代 Swan 公司占有美国自行车市场 25％ 的份额时，公司则不应仅局限于目前的良好局面，而应更深入地对环境进行分析，确定企业当前的目标和战略，促使管理者仔细确定企业的产品和服务范围。

②分析环境，发现机会和威胁，同时分析组织资源，识别优势和劣势。目标确定后，公司基于对环境分析的基础上，发现市场的潜在需求，根据组织资源情况，开发产品，不断创新，抓住市场机会。同时，也应该更好地对潜在的竞争对手进行分析，了解对手在干什么，这么干的目的是什么，长此以往会导致什么样的局面产生？这样分析后，也就不会导致后来巨人公司逐步抢占了它们的市场，最后"Swan 公司将特许权盛在银盘上送给巨人公司"。最终，巨人公司利用从 Swan 公司那里获得的知识，在美国市场上树立了他们自己的商标。

③重新评价组织的宗旨和目标，制定战略并实施战略。Swan 公司在对环境作了分析后，发现了竞争对手的威胁，则应对自己的机会重新考虑，重新评价公司的宗旨和目标。在进行有效修订后，则应着手制定战略，寻求公司的恰当定位，以便获得领先于竞争对手的相对优势，并使这种优势能够长期地保持下去。

在战略实施过程中，则还牵涉到员工的招聘、选拔、培训、处罚、调换、提升或者解雇，Swan 组织不是与员工进行谈判，而是关闭了工厂。

④评价结果。当战略实施后，管理者则应对实施效果进行评价，纠正存在的偏差。如果 Swan 公司能如前所述，进行战略管理过程，制订更有效的长期计划，相信应该能够避免当前的困境。

案例 4-3 为什么目标很明确，却常常实现不了

一家制药公司，决定在整个公司内实施目标管理，根据目标实施和完成情况一年进行一次绩效评估。事实上他们之前在为销售部门制定奖金系统时已经用了这种方法。公司通过对比实际销售额与目标销售额，付给销售人员相应的奖金。这样销售人员的实际薪资就包括基本工资和一定比例的个人销售奖金两部分。销售大幅度提上去了，但是却苦了生产部门，他们很难完成交货计划。销售部抱怨生产部不能按时交货。总经理和高级管理层决定为所有部门和个人经理以及关键员工建立一个目标设定流程。为了实施这个新的方法他们需要用到绩效评估系统。生产部门的目标包括按时交货和库存成本两个部分。

他们请了一家公司咨询指导管理人员设计新的绩效评估系统，并就现有的薪资结构提出改变的建议。他们付给咨询顾问高昂的费用修改基本薪资结构，包括岗位分析和工作描述。还请咨询顾问参与制定奖金系统，该系统与年度目标的实现程度密切相连。他们指导经理们如何组织目标设定的讨论和绩效回顾流程。总经理期待着很快能够提高业绩。

然而不幸的是，业绩不但没有上升反而下滑了。部门间的矛盾加剧，尤其是销售部和生产部。生产部埋怨销售部销售预测准确性太差，每个部门都指责其他部门的问题。客户满意度下降，而销售部埋怨生产部无法按时交货。利润也在下滑。

【问题】

本案例的问题可能出在哪里？为什么设定目标（并与工资挂钩）反而导致了矛盾加剧和利润下降？

【知识点链接】

计划职能中的目标与目标管理，在很多组织推广使用。但有效实施目标管理法的条件是：目标要明确；组织内各部门之间要相互协作和加强沟通；目标的设定要由全体员工共同参与并由员工执行。其中任何一个环节出现问题，均可能影响目标管理方法的实施效果，甚至是影响到组织最终目标的实现。

【案例分析】

本案例的问题可能出在哪里？为什么设定目标（并与工资挂钩）反而导致了矛盾加剧和利润下降？

目标管理是员工参与管理的一种形式，强调"自我控制"，注重成果第一。其主要特点一是以目标为中心；二是强调系统管理，要求总目标和各分目标及分目标和分目标之间相互支持保证，形成目标网络体系，保证目标的整体性和一致性；三是重视人的因素。如果操作方法得当，能使各项工作有明确的目标和方向，避免工作的盲目和随意性；能提高整体目标的一致性，有助于增强员工的进取心、责任感，充分发挥员工的潜力和积极性；有助于实现有效管理；有助于增强员工的团结合作精神和内部凝聚力。但如果操作不当，则不仅达不到目标管理应有的效果，还可能适得其反。

案例中的问题主要出在以下几个方面：一是目标的设定没有员工的共同参与，因此员工对高层的这种做法被动执行得多，但并不真正理解公司为什么这么做。二是部门之间的横向协调工作不到位，相互之间各自为政，为了自身的小利益而没有考虑到公司的整体利益，从而影响到公司目标的整体性和一致性。三是目标的设定不全面，过于关注绩效评估，而忽视了其他目标的设定。这一系列问题的出现直接地影响到了公司部门之间的关系和公司的整体利益，最终不仅部门之间的矛盾加深，而且公司的整体利润也急剧下滑。

案例 4-4　中兴集团的目标管理

中兴集团公司是一家拥有 20 家子公司和分公司的大型集团企业，集团公司对分公司的管理方式是独立经营，集中核算。有一位分公司的总经理最近听了关于目标管理的讲座，很受启发和鼓舞。他最后决定，在下一次部门经理会议上向下属介绍这个概念，并且看看能做些什么。在会议上，他详细叙述了这种方法的发展情况，列举了在本公司使用这种方法的好处，并且要求下属人员考虑他的建议。

事情并不像人们想象的那样简单。在第二次会议上，部门经理们就总经理的提议提出了好几个问题。财务经理要求知道，"你是否有集团公司总裁分配给你的明年分公司的目标？"

"我没有。但我一直在等待总裁办公室告诉我，他们期望我们做什么。可他们好像与此事无关一样。"

"那么分公司要做什么呢？"生产经理其实什么都不想做。

"我打算列出我对分公司的期望"，"关于目标没有什么神秘的，我打算明年的销售额达到 5000 万，税后利润率达到 8％，投资收益率为 15％，一项正在进行的项目 6 月 30 日能投产。我以后还会列出一些明确的指标，如今年年底前完成我们的新产品开发工作，保持员工流动率在 15％ 以下……"总经理越说越兴奋了！

部门经理们对自己的领导人经过考虑提出的这些可考核的目标，以及如此明确和自信的陈述感到惊讶，一时不知怎么说好。

"下个月，我要求你们每个人把这些目标转换成你们自己部门可考核的目标。我希望你们都能用数字来表达，我希望把你们的数字加起来就实现了公司的目标。"

【问题】

1.当没有获知集团公司总裁的目标时，分公司总经理能够拟订可考核的目标吗？这些目标会得到下属的认可吗？

2.对于分公司来说，要制定可行的目标，需要集团公司提供什么信息和帮助？

3.这位分公司总经理设置目标的方法是否妥当？你会怎么做？

【知识点链接】

应该有一组明确的数据，作为衡量是否达成目标的依据，如果制定的目标没有办法衡量，就无法判断这个目标是否实现。

【知识点链接】

目标管理是一种通过科学地制定目标、实施目标、依据目标进行考核评价的管理方法。目标管理实施过程一般可以分为目标建立、目标分解、目标控制、目标评定与考核四个阶段。奖金刺激是基本的、有效的办法,但不能作为唯一的办法,除了物质激励,还有精神激励或惩罚方法。

【案例分析】

1.当没有获知集团公司总裁的目标时,分公司总经理能够拟订可考核的目标吗? 这些目标会得到下属的认可吗?

这种情况下,分公司完全可以拟订可考核的目标。因为企业目标具有层次性,要通过各个部门和各环节去实现。因此,需要各部门围绕总目标制定出本部门目标,并作为子目标支持总目标实现。本案例中的分公司总经理只要不违反公司企业经营理念,虽没得到集团公司总裁的目标,但仍可以拟订本公司的考核目标。

要制定可行的目标,有两种方法,一是自上而下的方法,即由分公司总经理提出一个大致的目标,然后交给中层和基层员工反复讨论,最后确定,上升为分公司目标。另一种方法是自下而上,先由基层员工提出各自的目标,逐级审查上报,汇总后形成分公司的目标。当然这都需要公司员工共同参与企业目标设立。

公司让员工参与目标的制定,既有利于集思广益,保证目标的科学性,又有利于激发员工参与企业决策,关心企业发展,使制定的目标得到下属的认可。

2.对于分公司来说,要制定可行的目标,需要集团公司提供什么信息和帮助?

对于分公司来讲,要制定可行目标,需要总公司的支持和配合,如提供总公司的总体经营思想、整体规划、对本分公司的期望值、做好与其他分公司的协调等。

3.这位分公司总经理设置目标的方法是否妥当? 你会怎么做?

这位分公司总经理设置目标的方法不是最佳方案,因这仅是他个人拟订的目标,没有发动员工,集思广益,保证目标的科学性,其拟订的目标难免会带有一定的主观性,也不利于目标的实现。

如果是我,我会让员工参与目标的讨论制定,因为目标管理是一种民主的、强调员工自我管理的管理制度,在目标完成中,员工有权在企业政策范围内自行制订具体行动方案。这种管理制度通过员工参与使员工发现工作的兴趣和价值,调动员工工作积极性,也通过员工考核目标完成情况挖掘人力资源潜能,使员工在自我控制中实现个人与组织的目标。

第5章 决策

案例 5-1 佩吉该如何拿定主意

过去 11 年,佩吉在某发展中大城市区的一家大医药公司当信息系统部主任。现在,她每年的薪金为 14000 美元。该医药公司的信息主管将在三年内退休,公司一年要付给信息主管薪金 27000 美元。佩吉很有希望担任信息主管。虽然,过去没有让妇女担任过这样的管理职位,但佩吉小姐相信,在不久的将来她会得到这样的机会。

佩吉的父亲格利森自己开药店,由于健康原因最近不得不退休。格利森先生便雇了一位刚毕业的药剂师临时经营药店,店里的其他部门继续由佩吉的母亲经营。佩吉的父亲想让女儿回来继承他的药店。而且,由于靠近城市的一个湖滨游乐场所的建成,该店所在小镇的人口也在增长。因此,药店发展和扩大的可能性比前些年大多了。

佩吉和双亲讨论时,得知药店现在一年的销售额大约为 100000 美元,而销售毛利差不多是 39000 美元。由于格利森先生的退休,他和他的太太要提支工资 22000 美元,加上每年大约为 16000 美元的经营费用,税前利润为每年 1000 美元。自格利森先生退休以来,从药店得到的利润基本上和以前相同。目前,他付给他雇用的药剂师的薪金每年为 12000 美元,格利森夫人得到的薪金每年为 10000 美元,格利森先生自己不再从药店支取薪金了。

如果佩吉决定担任起药店的管理工作,格利森先生打算也按他现在的工资数付给她 14000 美元的年薪。他还打算,开始时,把药店经营所得利润的 25% 作为佩吉的分红;两年后增加到 50%。因为格利森夫人将不再在该店工作,就必须雇一个非全日工作的办事员帮助佩吉经营药店,他估计这笔费用大约需要 4600 美元。格利森先生已知有人试图出 150000 美元买他的药店,这笔款项的大部分,佩吉在不久的将来是要继承的。对格利森夫妇来说,他们的经济状况并不需要过多地取用这笔资产来养老送终。

【问题】

1.对佩吉来说,有什么行动方案可供选择?

2.你建议佩吉采取哪种方案?

3.佩吉的个人价值观与她做出的决策有何关联?

【知识点链接】

决策是指组织或个人为了实现某一目标和在处理管理中的实际问题时,从若干个可行方案中选择一个满意方案的分析判断过程。按决策主体分类,分为个人决策与群体决策。一般认为,决策程序分为六个阶段:(1)发现问题,确定目标。(2)搜集资料,拟订方案。(3)分析评估。(4)选择最佳方案。(5)试验实证。(6)普遍实施,追踪检查。

【案例分析】

1.对佩吉来说,有什么行动方案可供选择?

决策在管理活动中,占有非常重要的地位。在制定决策之前,首先要做的是确定目标。决策所要解决的问题必须非常明确,所要达到的目标必须十分具体。没有明确的目标,决策将是盲目的。根据题意可知,佩吉是一位事业心强的女性,她想参与公司内部管理职位的竞争,就说明她有想参与管理行业的欲望。因此,成为一名管理者是她的目标。而竞聘公司管理职位与接手父亲的药店都能实现她的目标,成为一名管理者,因此她可以做出的决策就有三个方案。

方案一:坚持自己的想法,继续在联营医药店做药剂师,努力工作,等待升迁的机会。

方案二:放弃自己在联营医药店的工作,回家继承父亲的药店,随着该店所在小镇人口的增长,药店的发展前途看好,佩吉管理梦想实现的机会很大。

方案三:佩吉暂时先在联营医药店工作,积累丰富的经验,待自己的管理能力提高后,再回家继承父亲的药店,这样为以后药店的经营打下了坚实的基础。

2.你建议佩吉采取哪种方案?

建议采取方案三。理由是:选择决策时应该将各个方案进行对比,选取最具可比性的方案作为行动方案,有利于获得最优效果。佩吉暂时在联营医药店工作,并竞聘公司的管理职位。这样既能获得相对丰厚的酬劳,积累管理经验,同时又培养自己的管理能力和业务素质,让自己的业务能力更强,这样为以后经营父亲的药店打下坚实的基础,做好充足的准备。这样的方案符合管理学家泰勒坚持的"最优"原则。

3.佩吉的个人价值观与她做出的决策有何关联?

这是一个典型的个人决策。个人决策是管理者个人行使决断权。管理者的个人价值观、品格与作风,都会影响其决策工作。

佩吉是一个事业心很强、有远大理想的人,是一个典型的职场女性,希望在职场上有所表现,以实现自己想做管理者的理想。所以不管是在联营医药店工作,还是回家继承父亲的药店,她都会努力工作,以实现成为一名管理者的目标。准确地说,她的最终决策是建立在她的价值观基础之上的,与在哪里工作,为谁工作无关,而取决于她的个人意愿。

案例 5-2 格里亨德公司的分歧

人人都认为格里亨德运输公司遇到了麻烦。这家公司的利润少得可怜,需求却非常旺盛,但公司却没有钱安排空车或买新车雇佣司机满足这些需求。

为了削减经营成本,提高顾客服务质量,公司的高层领导制订了一个重组计划。根据该项计划,要大幅减员,减少服务线路和服务内容,而且从顾客订票到车次安排全都实行计算机管理。

但是,中层管理人员反对这项计划。很多中层经理认为,大幅减员将使本来很差的顾客服务变得更加糟糕。负责计算机项目的经理敦促引进新的计算机系统,以解决高度复杂的软件中所存在的一些小问题。

人力资源部门指出总站员工的受教育程度太低,连高中毕业的都为数不多。因此,为使他们能够有效地使用这个系统,必须对他们进行大规模的培训。

总站经理警告说,格里亨德运输公司的乘客中许多是低收入者,他们没有信用卡或者是电话,这样他们就无法接受公司计算机订票系统的服务。

面对这些分歧,公司高层还是运用了新的系统,他们强调说,研究得到的数据表明,新系统将改善顾客服务质量,使顾客买票更加方便,而且顾客还可以为将来的特殊旅行预订位置。灾难降临了,订票的电话剧增,但由于新的接线系统存在机械问题,很多电话根本打不进来。许多顾客还像往常一样,到总站直接买票上车,计算机仿佛陷入了泥潭,击一下键需要45秒,打印一张车票需要5分钟。这个系统经常瘫痪,售票员不得不经常用手写票。顾客排着长队等候买票,看不到自己的行李,而且经常被迫在总站过夜。

工作人员的减少,使得售票人员不得不穷于应付他们并不熟悉的计算机系统,对顾客不礼貌的事情时有发生。乘坐公司车辆的顾客也急剧减少,竞争对手更是趁机抢夺那些对格里亨德公司不满意的顾客。

【问题】

1.格里亨德公司管理者面临的是程序化决策还是非程序化决策?

2.利用管理决策制定过程的步骤分析格里亨德公司案例。

3.作为该公司的管理者,应该怎么做呢?

【知识点链接】

按决策问题的重复程度分为程序化决策与非程序化决策。程序化决策又称重复性决策,是指按原来规定的程序、处理方法和标准对重复出现的日常管理问题所做的决策,非程序化决策是指对管理中新颖的问题所做的决策,是指偶然发生的或首次出现而又较为重要的非重复性决策。决策程序分为六个阶段:(1)发现问题,确定目标。即在一定的环境条件下,确定达到或者希望达到的结果。(2)搜集资料,拟订方案。通过分析各种可能的和既存的条件因素,提出各种实现目标的行动方案。(3)分析评估。审查各种备查方案,通过"可行性分析"和"决策技术"对各种方案的利弊进行科学的表达,尽量进行比较。(4)选择最佳方案。从各种方案中选出一个最优方案,或综合出一个最优方案,并对其可行性加以论证,对其副作用加以评价。(5)试验实证。将最佳方案在小范围内实施,以验证其运行的可靠性。(6)普遍实施,追踪检查。在方案普遍实施过程中,要追踪检查。对出现的偏差,要及时控制;如发现方案不能实现决策目标,要重新决策。

【案例分析】

1.格里亨德公司管理者面临的是程序化决策还是非程序化决策?

很显然,格里亨德公司管理者面临的是非程序化决策。所谓的非程序化决策是针对例外问题,这类问题偶然发生,或第一次做出决策,无先例可循。非程序化决策往往需考虑内外部条件变动及其他不可量化的因素,这类决策正确与否,决策效果如何,往往取决于决策者的气魄、首创精神和决策方法的科学性。战略决策大多属非程序化决策。格里亨德公司所面临的重组计划关乎企业的整体战略和战术问题,并没有任何先例和经验可以借鉴,属于典型的非程序化决策。

2.利用管理决策制定过程的步骤分析格里亨德公司案例。

经验决策是依靠决策者的经验或直觉进行的决策;科学决策是指依据科学的理论、严密的程序和科学的方法进行的决策,在整个决策过程中应用现代决策技术和决策工具。

为使决策科学化,必须按照 6 个基本步骤进行。

(1)发现问题,确定目标。问题是决策的起点,所谓问题是指现状和期望之间的差异。即根据问题的现状、要求和解决的可能性提出决策希望达到的结果——目标。目标必须明确、具体和可行。目标往往不止一个,利润、时间、质量等都可能是决策所要求的目标。因此,确定决策目标需要有科学分析的过程,且要主次得当,统筹兼顾。然而,再看看格里亨德公司管理者的目标"为了削减经营成本,提高顾客服务质量",没有具体的年限和具体的短期目标,只是一个很笼统的目标。

(2)制定备选方案。在确定目标后,在分析收集资料的基础上制定出备选方案。制定决策方案就是寻找实现决策目标的手段。为了实现目标,人们总是去追求最佳的手段。所以,要拟订出多种可供比较和选择的备选方案。而格里亨德公司管理者制定了"一个重组计划",只此一个计划,没有比较,没有对比,更没有备选方案。可见,格里亨德公司管理者在此步骤上有多么大的漏洞。

(3)评价备选方案。制订了一组备选方案后,要对每一种备选方案的优缺点(按照"合法、合乎伦理、经济可行、实用性"的标准)进行分析和评价。在此环节上,格里亨德公司中层管理者做得很好。

(4)选择最优或次优方案。在对备选方案进行详细的评价之后,根据四项标准对备选方案进行排队,从中选择出一个最佳方案,或者选择出一个最满意方案。在此步骤,格里亨德公司高层管理者,面对公司中层管理者的质疑,根本没有给他们选择的机会。

(5)实施选定方案。在选择出最佳方案后,需要将其付诸实施。决策方案的实施是决策的延续和具体化,即还要做出许多后续决策。虽然格里亨德公司管理者严格地实施了其制订的方案,但这个方案本身就存在严重的缺陷,所以它的实施必然带来严重的后续结果。

(6)追踪检查。把实施方案与实际执行情况进行对比分析,及时研究未能达到预期效果的原因,并采取相应的对策。在此环节,格里亨德公司管理者虽然意识到了其问题的存在及危害,但并未采取相应的对策,以致"乘坐公司车辆的顾客也急剧减少,竞争对手更是趁机抢夺那些对格里亨德公司不满意的顾客"。

3.作为该公司的管理者,应该怎么做呢?

首先,应该严格按照制定科学决策的六个步骤,去制订能解决该问题的方案,而且方案应该不止一个。其次,要尽量采取群体决策,并尽力克服其缺陷,努力将方案做得完美。最后,要采取控制。包括事前控制、事中现场控制以及事后控制等,以防止方案制定时未想到的事件发生,从而达到方案实施的效果最大化。

案例 5-3 集体决策优于个人决策吗

巴巴拉零售联盟组织以"集体决策"的方式作为企业管理的中心。现任董事长王勃先生(即将退休)行使协商一致的管理方法,使管理人员有足够的机会参与企业的主要决策。这样做的最大好处是可以帮助管理人员了解公司组织各个层次的工作状况。同时,集体管理的方法有利于培养管理人员。例如,某委员会的工作涉及诸如策略问题等政策领域,通过集体参与,许多年轻的管理人逐渐熟悉了公司所面临的关键问题。

但也有少数人持反对态度,马骏是其中态度最坚决的一位。他认为管理人员参加委员会会议是浪费时间,集体决策是妥协的产物,而且最终产生的可能不是最佳决策。

然而,他的同事们却指出,集体管理方法打破了一些部门之间的壁垒,促进了部门之间的协调。他们承认集体制订计划可能是费时的,但计划的实施却很迅速。再者,他们认为集体管理方法鼓励管理人员去探索更多的选择方案,有年龄不同、观点不同的人参加,是一种极佳的投入。马骏不同意这些意见。他指出"巴巴拉"集体管理之所以行得通,只是由于现任董事长的管理风格在很大程度上影响着大家。一旦他退休了,新的董事长是否会保持这一管理风格并不能确定。到那时,"巴巴拉"管理人员之间的合作也就结束了。

看来巴巴拉零售联盟组织内部出现了意见分歧,怎么才能使企业内所有员工同心协力摆脱目前的僵局呢?

【问题】

1."集体决策"这一方法的优点是什么?

2.请分析马骏等人对"集体决策"持否定态度的原因是什么。

【知识点链接】

按决策主体分类,可以把领导决策划分为个人决策与群体决策。群体决策是由领导集团制定并控制实施的决策,也称为集体决策。群体决策的长处在于集思广益,提高决策优化的概率,不出或少出纰漏,同时也防止个人专断。群体决策虽然具有上述明显的优点,但也有一些问题,如果不加以妥善处理,就会影响决策的质量。

【案例分析】

1."集体决策"这一方法的优点是什么?

与个体决策相比,群体决策的优点主要表现在:群体决策有利于集中不同领域专家的智慧,应付日益复杂的决策问题。通过广泛参与,专家们可以对决策问题提出建设性意见,有利于在决策方案得以贯彻实施之前,发现其中存在的问题,提高决策的针对性。

群体决策能够利用更多的知识优势,借助于更多的信息,形成更多的可行性方案。由于决策群体的成员来自不同的部门,从事不同的工作,熟悉不同的知识,掌握不同的信息,容易形成互补性,进而挖掘出更多令人满意的行动方案。

群体决策还有利于充分利用其成员不同的教育程度、经验和背景。具有不同背景、经验的成员在选择收集的信息、要解决的问题类型和解决问题的思路上往往都有很大差异，他们的广泛参与有利于提高决策时考虑问题的全面性，提高决策的科学性。

群体决策提供了决策的可接受性，有助于决策的顺利实施。由于决策群体的成员具有广泛的代表性，所形成的决策是在综合各成员意见的基础上形成的对问题趋于一致的看法，因而有利于有关部门或人员的理解和接受，在实施中也容易得到有关部门的相互支持与配合，从而在很大程度上有利于提高决策实施的质量。

另外，群体决策使人们勇于承担风险。有关研究表明，在群体决策中，许多人都比个人决策更勇于承担风险。

2.请分析马骏等人对"集体决策"持否定态度的原因是什么。

他们看到了"群体决策"中所存在的问题。在群体决策过程中，决策者存在从众压力。群体成员希望被群体接受和重视的愿望可能会导致不同意见被压制，在决策时使群体成员都追求观点的统一，而且最终产生的可能不是最佳决策，造成"人员浪费"。

群体决策还会出现少数人控制的现象。群体讨论可能会被一两个人控制，如果这种控制是由低水平的成员所致，群体决策的结果就会受到不利影响。

群体决策受到责任不清的影响。对于个人决策，谁来承担风险是很明确的。但群体决策中任何成员的责任都被冲淡了。

此外马骏等人还发现领导者对于群体决策中所起到的控制作用。不同的领导者由于其自身水平的不同，也会在很大程度上影响最终决策的制定。因此，当现任领导者退休后，新任董事长能否拥有与老董事长可以相提并论的领导能力是不得而知的，这也就无法判断群体决策能否产生和以前一样较好的决策效果。

综合上述原因，马骏等人并不愿意接受"集体决策"。

案例 5-4　食品厂决策失误致隐患

某城市繁华地段有一个食品厂，因经营不善长期亏损，该市政府领导拟将其改造成一个副食品批发市场，这样既可以解决企业破产后下岗职工的安置问题，又方便了附近居民。为此进行了一系列前期准备，包括项目审批、征地拆迁、建筑规划设计等。不曾想，外地一开发商已在离此地不远的地方率先投资兴建了一个综合市场，而综合市场中就有一个相当规模的副食品批发场区，足以满足附近居民和零售商的需求。

面对这种情况，市政府领导陷入了两难境地：如果继续进行副食品批发市场建设，必然亏损；如果就此停建，则前期投入将全部泡汤。在这种情况下，该市政府盲目做出决定，将该食品厂厂房所在地建成一居民小区，由开发商进行开发，但对原食品厂职工没能作出有效的赔偿，使该厂职工陷入困境，该厂职工长期上访不能解决赔偿问题，给该市的稳定埋下了隐患。

【问题】

1.该市领导的决策问题出在哪里？

2.面对目前状况,该市领导该如何做出改善?

【知识点链接】

正确理解决策的概念,需要把握的三个要点:决策要有明确的目标;决策要有两个以上备选方案;选择后的行动方案必须付诸实施。决策备选方案存在可供选择备选方案(或称行动方案、决策、措施等)的集合,它包含两个或两个以上的备选方案。解决某个问题,如果只有一个办法或者一个方案,那就不需要进行决策分析。故凡能构成决策问题的,总是存在着两个或者两个以上的备选方案。不可控因素存在于不以决策者主观意志为转移的客观环境条件,即自然状态(系统状态)。

【案例分析】

1.该市领导的决策问题出在哪里?

该市的领导想要解决此食品厂的问题也是经过多方面考虑的,首先要解决食品厂的经营不善问题,其次要解决这些下岗职工的再就业问题,最后顺便解决城市居民的购物问题。但是决策的时候略显草率,并未依据科学决策的方法,也没有完整执行决策的程序,导致了工程进行一半陷入两难境地。该决策反映出以下几个问题:

(1)没有做完善的材料收集工作

造成这种两难境地的主要原因是没有做好决策程序的第二步,"材料收集,制定方案"。信息是决策的基础,充分、及时、全面、有效的信息是科学决策的前提。该区政府领导在决定将食品厂改建为副食品批发市场项目之前,缺乏全面细致的市场调查,所以在拟订方案及后续工作中出现失误。

(2)没有制订合理的备选方案

当原有决策方案实施后,主客观条件发生了重大变化,原有的决策目标无法实现时,可以在原先一定决策基础上实施 B 计划。

(3)决策者有畏难情绪

即使附近还有副食品批发市场,或许决策也可以执行下去,继续兴建。但是必须要进一步调查研究,对原决策方案进行修订和完善,使得所建批发市场在规模、设施、服务和管理等方面超过竞争对手,以期在市场竞争中获胜。

(4)没有充分了解原厂职工的自主意愿

领导者做出决策,首先要解决的到底是人的问题,而处理好人的问题是领导决策得以实现的关键。在建立副食品批发市场时,就没有考虑到职工的自主意愿,可能一些职工只想拿到补偿金,自己去做生意,并不想政府出面解决。然而在后面改成居民小区时,又没有和居民或者居民代表做充分沟通,导致问题越滚越大。所以在决策时正确的做法是积极了解群众需求、充分了解群众想法,然后结合民意以及相关专家意见做出正确决策。

2.面对目前状况,该市领导该如何做出改善?

(1)制订备选方案

按照一个批发市场的模样来建设,发现不能实施时,可以改为相似的市场计划来继续构建,比如改建为一个集合食品买卖、餐饮、购物等于一体的大型商贸中心,又因为原所在地在繁华地段,可能改建为此种类型结果会更好。

（2）继续兴建着眼未来

决策者依旧可以在批发市场上继续做下去，联合原先批发市场进一步把本市的副食品批发做成规模，不仅仅将目标顾客着眼于本市，也可以把目标客户推至全省，乃至全国。所以，坚持原决策不一定是一个坏的决策，可以在原先决策基础上进行优化。

案例 5-5　M 市征收城市容纳费的争议

M 市近年来人口增长很快，据 M 市公安局统计，1992 年人口迁移增长为 4 万余人，1993 年为 7 万余人，1994 年 1—6 月份为 3.5 万人。由于人口增长过快，M 市在水、电、道路交通、住房等方面的紧张状况有增无减。1993 年 M 市用于城市增容的支出和各项财政补贴已达 43 亿多元。据测算，1994—2000 年，M 市用于基础设施建设方面的资金需要近千亿元，如此巨大的支出需要从各方面筹措资金。

基于上述背景，1994 年 9 月 8 日，M 市人大常委会通过了《M 市征收城市容纳费条例》，规定凡是经批准迁入 M 市的常住人口，按每人 1～10 万元五个档次的标准征收"城市容纳费"。该条例出台后，引起了广泛的争议。主要来自：

1．毕业生的反对。有人认为，征收城市容纳费很可能对毕业生就业市场的供需情况造成不利影响。

2．毕业生接收单位的反对。许多用人单位认为，城市容纳费的征收必然完全限制本来就不畅通的人才流动。

3．许多学者也持反对意见。他们认为，征收城市容纳费的目的是为了控制人口增长，但从实际情况来看，人口的迁移增长不能只拿户口来衡量，大量的流动人口和无户口人员是人口迁移增长的重要部分，要控制人口增长，应该把精力放在对于流动人口的管理上。

在众多的反对意见面前，M 市政府不得不推出《容纳费征收减免试行办法》，1995 年，又进一步推出针对高校毕业生的减免办法。可以说，M 市以限制人口为目的的征收城市容纳费的决策受到了挫折。

【问题】

1．M 市的该项决策为什么受挫？

2．怎样才能避免这些失误？

【知识点链接】

科学决策是指在现代科学理论和知识的领导下，决策者依靠专家和群众，采用现代科学技术手段所做出的决策。现代系统理论的出现和电子计算机的广泛应用为科学决策提供了必要条件。决策程序包括：（1）发现问题，确定目标；（2）搜集材料，拟订方案；（3）分析评估；（4）选择最佳方案；（5）试验实证；（6）普遍实施，追踪检查。决策备选方案是指存在可供选择的备选方案（或称行动方案、决策、措施等）的集合 A，它包含两个或两个以上的备选方案。解决某个问题，如果只有一个办法或者一个方案，那就不需要进行决策分析。

故凡能构成决策问题的,总是存在着两个或者两个以上的备选方案。

【案例分析】

1.M 市的该项决策为什么受挫?

该决策受挫的原因主要有以下几点:(1)决策超前。M 市的该项决策属于超前决策,未在对现实情况的分析与对未来情况的预测之后做出了决定。(2)没有按照科学的决策程序来执行决策。该决策没有完全按照科学程序来做。首先,忽略了发现问题、确定目标环节中调查的重要性,以分析代调查;没有执行集思广益、拟制方案环节,没有充分发挥智囊团的作用,考虑得不全面;没有做到分析评估、方案选优,没有充分估计到实施的后果,也没有多个备选方案以供选择。(3)方案实施时没有设定反馈环节在方案实施和反馈调节环节也有所疏漏,实施后不顾反响,一意孤行,造成先前问题不解决,事后问题一大堆的局面,也没有及时地调整方案,而是让事态愈发严重。

2.怎样才能避免这些失误?

要避免这些失误,必须严格按照决策的科学程序制定决策,即:发现问题,制定目标;集思广益,拟订方案;分析评估,方案选优;实施方案,反馈调节。在第一环节,要界定问题,搞清涉及人群,进行翔实的调查,制定清晰的目标;在第二环节,要充分发挥智囊团的作用,可以利用专家调查法或者德尔菲法对专家进行函询,进行多种方案的制订,并重视民主决策,充分考虑下属要求;在第三环节,要扎实做好方案的实施和评估,并将这两个工作结合起来,边实施边评估,做到有错就抓;在最后一个环节,主要做到知错就改,要广开渠道,听取全面意见,实地查证,立即整改。

案例 5-6 "百岁"摩托罗拉被"13 岁"谷歌收购

摩托罗拉公司(Motorola Inc.),原名 Galvin Manufacturing Corporation,成立于 1928年。1947 年,改名为 Motorola,从 1930 年代开始作为商标使用。总部设在美国伊利诺伊州绍姆堡,位于芝加哥市郊。

摩托罗拉因在无线和宽带通讯领域的不断创新和领导地位而闻名世界,曾经和诺基亚以及爱立信并称为"世界通信三巨头",也是世界财富百强企业之一,拥有全球性的业务和影响力。它的重要成就有发明第一款商用手机(1984),发明第一款 GSM 数字手机,发明第一款双向式寻呼机(1995),发明第一款智能手机(1999),发明第一个无线路由器。

但是,摩托罗拉生产了风靡全球的经典 V3 手机,且之后推出的数款手机,都没能跳出 V3 的影子,导致销售额一直低迷。后来,高管认识到 Android 占据全球智能手机操作系统市场的重要性,搭 Android 的顺风车,但之前高层一直致力一款系列型手机——RAZR 系列研发,错失占领智能手机市场的良机。

还有一个问题是摩托罗拉的企业文化是"工程师文化",强调技术,很少会去听客户和消费者的声音,因此跟市场需求有一定的脱节。最终,2011 年 8 月 15 日谷歌公司宣布与摩托罗拉移动签署最终协议，将以每股 40 美元的现金收购后者，总价约 125 亿美元。2012 年 2 月 14 日谷歌收购摩托罗拉获欧盟和美国批准。

【问题】

百年摩托罗拉最终被收购的原因是什么？

【知识点链接】

战略决策是指对企业发展方向和发展远景做出的决策，是关系到企业发展的全局性、长远性、方向性的重大决策。如对企业的经营方向、经营方针、新产品开发等的决策。战略决策由企业最高层领导做出。它具有影响时间长、涉及范围广、作用大的特点，是战术决策的依据和中心目标。它的正确与否，直接决定企业的兴衰成败，决定企业发展前景。决策在现代管理中是管理的核心内容，关系到管理的绩效，是管理者的主要职责。战略决策阶段首要任务是战略定位问题，相当于制定"做什么"的公司战略，重点包括市场范围 S 定位和产品门类 P 定位，二者密切联系，组合形成一定的战略单元。战略定位依据战略分析阶段所分析的不同 SP 战略单元的行业盈利性变化规律、竞争格局和企业自身能力。

【案例分析】

从案例可以看出，摩托罗拉百年历史，国际品牌，在全球都有一定的知名度。但是最终却也得了一个"被收购"的下场。这与摩托罗拉的企业战略、经营管理及企业文化等方面的战略定位和战略决策息息相关。主要有以下几个问题：

(1)企业文化暗藏隐患

摩托罗拉的企业文化是"工程师文化"，把自己的核心员工放置企业首位，是没有错的。毕竟高科技公司的核心资产亦是本企业这些富有创造力的工程师，没有了这些工程师，摩托罗拉也不会有创新的源泉。但是，一件好的产品，不只会因为它的技术好、质量高而能销售得多。有很大一部分跟用户使用的体验感，还有对于这件商品的售后维修有关系。若是工程师只顾按照自己想法研发，而管理层决策结果也赞同工程师发散思维自主创造并不去派人调查或者统计数据以了解用户使用手机的情况，销售量只会越来越低。

(2)沉醉成绩忽视发展

摩托罗拉品牌闻名世界，且与诺基亚以及爱立信并称为"世界通信三巨头"，也是世界财富百强企业之一，拥有全球性的业务和影响力。并且，在手机领域，生产出了风靡全球的经典 V3。这一切傲人的成绩都说明摩托罗拉不容小觑。但是，摩托罗拉决策失误了，以为自己铸造经典就可以仅仅靠经典长久不衰，但是结果并没有。往后生产的手机都脱离不了 V3 的影子，可见对自己明星产品的依赖度之高。每一款产品都有它自己的生命周期，且消费者自己的审美与需求也并非是一成不变的，若是把企业自身命运押宝在一件产品及变形产品上，风险过高。

(3)对市场变化关注度不高、反应过慢

摩托罗拉早在 1999 年就发明了世界上第一款智能手机，可见其在手机制造方面的强大的能力。但是，作为智能手机开创者却没有赶上智能手机的风潮，实属可惜。这与企业高层的战略决策有着密不可分的关系。在战略定位上就出现了错误。根据战略 SP 单元，无论是市场范围 S 的定位还是产品门类 P 的定位都出现了失误。对于市场反应太慢,当 Android 已经占据全球智能手机市场时,高层才决定跟进,可惜市场份额已被其他品牌占据;对于产品,自身研发出智能手机却并没有重视智能手机的发展前景,而是去"闭门造车",只顾打造自己的 RAZR 系列产品,最终落后于时代。

第 6 章　战略管理

案例 6-1　福特的全球化战略

福特公司目前已经建立了新世纪的全球发展战略规划。根据该战略规划,福特汽车公司推向市场的第一个产品是福特的 Focus,这是一款四缸节油型中型房车。福特公司开发 Focus 是为了取代已具有 30 年历史并销售了 2000 万辆的 Escort 。

福特 Focus 的目标是在世界市场上使该车型成为销售量的领先者,成为世界性的汽车。目前,Focus 在欧洲和世界其他地方的销售非常理想。事实上,在 2000 年,福特在全球大约销售了 100 万辆 Focus。由这种销售量所带来的规模经济使福特公司可以以非常低的价格销售福特 Focus。福特 Focus 在 2001 年获得了《车与驾驶员》杂志第 19 届"十佳房车"评选大奖。高级舒适的座椅,宽敞的内部空间,漂亮的抛光漆,使福特 Focus 在市场中非常具有吸引力。

福特 Focus 是在四个不同的国家中进行生产和组装的,这四个生产地点是德国的萨尔路易斯、墨西哥的埃米希洛、西班牙的瓦伦西亚和美国密歇根州的韦恩市。福特计划每年将生产超过 100 万辆 Focus,并在全球 100 多个国家销售。其设计与以前的车型是完全不同的。在设计过程中,福特公司所采用的关键战略是开发一种全球化平台,汽车的 85％的外壳金属设计仍然保留着全球标准化,但 15％则根据当地消费者需要和口味进行调整,使 Focus 的风格与外形经过调整与修改后,适应当地市场的特殊需要与特征。其他的关键性设计特征是使用智能型空间。这种设计的一个主要目的是为驾驶员提供更多的空间,福特公司认为,Focus 车型的设计是从内部开始的,其结果是,福特 Focus 比其他中型房车提供了更多的内部空间。

【问题】

1.谈谈福特的 Focus 战略是怎样体现"全球思考,地区行动"的。

2.福特保持其汽车产品的 85％的统一标准的好处是什么? 如果福特保持 100％的统一标准,为什么会降低战略的有效性?

3.联系本案例谈谈战略性计划与战术性计划的不同。

【知识点链接】

计划的类型:战略性计划与战术性计划。战略性计划体现了组织未来相当一段时期的总体活动内容和发展方向;战术性计划则是对在战略性计划指导下的具体活动方式的选择与描述。

【案例分析】

计划是管理四大职能的首要职能,具有前瞻性和统筹的作用,是组织、领导和控制的依据与参照标准。而制订计划的前提条件是组织对市场的准确了解与把握,做计划的依据是组织的目标与宗旨,以及组织的总体战略规划,当然还少不了具体的战术性计划。一项完善的计划是组织获得成功的关键。本案例围绕福特公司的新产品 Focus 从设计、制造到市场定价的全套规划展开,联系问题作如下分析:

1.谈谈福特的 Focus 战略是怎样体现"全球思考,地区行动"的。

福特的 Focus 目标定位非常明确:在世界市场上使该车型成为销售量的领先者,成为世界性的汽车。为达到此目标,福特提出了"全球性思考,地区性行动"的战略举措。即其产品既要实现全球范围内销售,实施跨国经营,使之变成世界的,又要考虑到不同国家不同民族的不同文化底蕴和不同的审美观与消费需求,实行地区性差异销售。具体来讲,全球性思考体现在:一是 100 万辆车在 100 多个国家销售;二是汽车的 85% 的外壳金属设计仍然保留着全球标准化,体现出企业的总体特色的专一性。而地区性行动体现在:一是其生产与组装放在四个不同的国家,体现一种地区的优势特色;二是汽车的 15% 的外壳金属设计,根据当地消费者需要和口味进行调整,使 Focus 的风格与外形经过调整与修改后,适应当地市场的特殊的需要与特征。

2.福特保持其汽车产品的 85% 的统一标准的好处是什么? 如果福特保持 100% 的统一标准,为什么会降低战略的有效性?

福特保持其汽车产品的 85% 的统一标准的好处是:保持了福特的品牌形象与产品特色,以及一贯的质量标准与质量要求,使消费者无论走到哪里一看到福特车就知道并记住"福特"。同时又体现了福特的灵活性和以人为本的服务理念。相反,如果采用 100% 的统一标准生产和在世界范围内销售其产品,则会直接影响到 Focus 的销售,因为不同地区人们的审美观与消费需求不同,用同一个模式去应对千差万别的消费需求,只会降低其产品的适应能力和市场占有率,最终影响到企业总体目标的实现。

3.联系本案例谈谈战略性计划与战术性计划的不同。

战略性计划与战术性计划是计划的两种类型。战略性计划体现了组织未来相当一段时期的总体活动内容和发展方向;战术性计划则是对在战略性计划指导下的具体的活动方式的选择与描述。战略性计划通常关注的是更大范围,解决下一步要干什么的问题。而战术性决策是在战略性计划指导下,具体解决如何去做的问题,表现在操作层面。

案例 6-2　贝因美的差异化战略

贝因美始创于 1992 年,以"关爱生命,热爱生活"为宗旨,全方位服务于中国婴童事业,主营婴幼儿食品、婴幼儿用品、育婴咨询服务、生命科学和母婴保健、育婴工程、爱婴工程六大块架构,是中国三大婴幼儿基本营养食品专业生产企业之一,产品已在消费者心中树立了"育婴专家"品牌地位。

贝因美之所以取得这么大的成功,是因为它的差异化战略。它的差异化体现在其目标群体的定位、产品及品牌定位、产品成分及包装、重点销售区域的选择、市场推广等方面。

目标群体的定位方面,贝因美把自己的目标群体定位在居住于中小城市或大城市郊县的年轻的普通工人和个体工商户,这就与外资品牌"三高"群体(高收入、高学历、高地位)拉开了界限。避免了与外资品牌的直面竞争,从而可以使自己快速地成长。产品及品牌定位方面,贝因美果断把自己的产品定位为国产高档精品奶粉,在当时,这是一个巨大的市场空缺,高档奶粉一直都被国外品牌占据着,大部分人对奶粉有高品质追求,却不想买外国奶粉,这正好给了国产奶粉一个很好的发展机会。与此同时,贝因美把自己的品牌定位在婴幼儿专用奶粉,这个定位抓住了消费者相信专家,崇尚专业的消费心理,使其得到了广泛的认可。产品成分及包装方面,贝因美把自己的产品定位为国产高端精品奶粉,率先在奶粉中加入了"DHA+ΛΛ"的营养配方,并将其作为产品价值加以宣传。同时在包装上把当时流行的有封口拉链的立袋换成袋装奶粉,突显出产品包装的不同。重点销售区域的选择方面,贝因美把自己的重点销售区域定位为二、三线城市和乡镇,避开了和国外品牌的区域竞争。市场推广方面,贝因美应用了在保健品行业已盛行的导购策略;在品牌塑造方面,开展育婴讲座和爱婴工程,大量赞助全国的多胞胎家庭和儿童福利院,争取新闻媒体的大量报道,潜移默化地塑造了品牌形象。

如今贝因美已经是浙江省国产婴儿奶粉的第一品牌,在许多地区销量已经和多美滋、惠氏等外资品牌并驾齐驱。目前公司的总营业额已达近 3 亿元,正朝大中型企业迈进。

【问题】

贝因美如何实施差异化的战略?

【知识点链接】

差异领先战略要求企业在产业内就客户广泛重视的一些方面独树一帜,或在成本差距难以进一步扩大的情况下,生产比竞争对手功能更强、质量更优、服务更好的产品以显示经营差异。差异化战略实施途径有使用具有独特性能的原材料和其他投入要素,开展技术开发活动、严格的生产作业活动、特别的营销活动,扩大经营范围。差异化战略具备的条件,分为外部条件和内部条件。

【案例分析】

贝因美如何实施差异化的战略?

首先从贝因美实施差异化战略的条件分析。企业的外部条件分析:国内生活水平日益提高,高品质的婴儿奶粉需求在急速扩大,增长率是中低档婴儿奶粉的 3 倍以上。母亲是奶粉的最主要的消费者,她们对产品质量非常敏感,她们通常只选择自己熟悉的产品或知名的品牌。在中国的很多二、三线城市和乡镇,外资品牌由于多方面原因,近年来还没有顾及这些市场。国内尚没有一个专业只做婴儿配方奶粉的公司和品牌。奶粉制造属于高度成熟型行业,高科技成分不多,产品制造的门槛低,但品牌认知的壁垒很高。

企业的内部条件分析:①企业的素质和经营能力。从 1995 年开始贝因美建立技术开发研究所,继续保持产品的领先优势,建立育婴咨询服务公司,提升品牌发展战略。同时着手华东六省营销网络的建设。②市场营销能力。婴幼儿营养米粉的销售网络几乎与婴儿奶粉销售渠道完全重合。因为企业多年的信誉而培养起来的许多铁杆经销商,则同样是贝因美奶粉开拓市场的宝贵财富,要铺设一条畅通的奶粉销售渠道应无问题。从企业管理现状看,虽然贝因美仅是个中型企业,但由于总裁谢宏先生乃书生下海,15岁上大学,高校出身、企业文化独特。管理团队和员工凝聚力强,人才济济。内部机制相对于僵化的国企、外企比较灵活,有一定的机制优势。

综上可以看出,贝因美已经具有实现差别化战略的实施条件:强大市场营销能力和分销渠道;强大的研发能力;良好的产品设计制造能力和独特的技术;质量、技术领先,声誉良好;高技能的工人、专家。这些都为贝因美实施差异化战略奠定了基础。

其次,贝因美实施差异化的战略,体现在以下四个方面。

产品成分与包装的差异化。率先在婴儿奶粉中添加"DHA+AA"营养成分,能更加促进宝宝智力和视力的发育,此配方在外资高端奶粉中刚刚采用,但在国内奶粉中却很少见。果断率先添加了"DHA+AA",并将之作为产品价值宣传的支撑点之一。在包装形态上寻求新的突破,选定有封口拉链的立袋作为袋装奶粉的包装,当时市面上还没有奶粉采用这种包装。

重点销售区域的差异化。在大城市,外资品牌和国内的知名大品牌都重点集中在这里,但二、三线城市和乡镇却被忽视。因此要在大城市开拓市场,进入壁垒必然会高,而贝因美锁定的目标顾客也正好分布在众多的二、三线城市和富裕的乡镇,进入这些市场反而有比较好的竞争优势。

市场推广的差异化。用终端导购推广策略对于没有巨额广告投入、推广经费不足的中型企业贝因美来说,是一个有效的方法。终端导购的定义是现场的"育婴顾问",既推销产品,又散发传单和试用装作品牌推广工作,还要尽可能解答顾客的育婴方面遇到的问题,以时时体现贝因美品牌形象。

产品定位的差异化。当时高档婴儿奶粉一直是外资品牌的天下,国产婴儿奶粉一直给人的感觉是档次不高,市场上几乎没有高端定位的国产婴儿奶粉。贝因美高价但比其他大品牌略低的定位,跻身高端婴儿奶粉品牌阵营。略低定价,是给顾客以"相同品质,更加实惠"的感觉。

案例 6-3　中国联通的聚焦战略——匠心网络

中国联通努力打造"速度更快、覆盖更广、感知更好"的匠心网络,努力让客户的体验更舒心、消费更放心、服务更贴心。截至目前,中国联通已建成全球最大的FDD 4G网络,全球4G基站占比超过28%,重点城市基本实现4G网络的全面覆盖,主要城市除边远乡村外基本实现4G连续覆盖,其他城市的市区、县城和重点乡镇等基本实现4G连续覆盖。这一成绩的取得,离不开全体联通员工的努力,更离不开他们的工匠精神。在全国各地的联通分公司,以工匠精神打造匠心网络的事例非常多,尤其以福建联通较为突出。

福建是国家"一带一路"倡议承接的重要节点,然而,当时在福建,网络深度覆盖缺口大、行政村服务覆盖率低等问题非常突出,网络的市场竞争力不足成为制约福建联通整体快速发展的"拦路虎"。福建联通立足省情,匠心独运地将"沃赶超"建设计划与在沿海架设信息高速通路的想法融合,先期重点聚焦福州、厦门、泉州、漳州、莆田五个城市,滚动规划建设,随之聚焦 56 个重点区(县),步步为营,扎实推进。

此外,福建联通通过认真分析近年来覆盖类用户投诉热点,按照不同需求类型、环境类型、场景信息的数据分析,聚焦重点和热点区域,完成了用户密集、感知明显的省内高速公路、主要乡镇、风景名胜景区和高校校园的全覆盖及网络补强,实现沿海重点地区优质覆盖和非沿海地区广覆盖赶超。

20 个月的时间,超常规实施网络聚焦大会战,多举措推进网络能力提升,福建联通实现 4G 网络建设后发先至。截至 2017 年 10 月,福建联通新建移动通信基站 3.86 万个,全省同期建成 3G 及 4G 基站 6.67 万个,其中 4G 基站 2.67 万个;全网广度覆盖和深度覆盖良好率突破 97%,城区 4G 载波聚合技术成功实现峰值速率超过 300Mbps,4G 网络下载和上传速率分别是行业平均值的 1.4 倍与 5 倍。快速推进的网络建设和网络优化,让"上网快、信号好"逐渐成为用户对福建联通"匠心网络"的共识。

【问题】

分析中国联通实施聚焦战略的背景及条件。

【知识点链接】

聚焦战略,是指把经营战略的重点放在一个特定的目标市场上,为特定的地区或特定的购买者集团提供特殊的产品或服务。企业在实施集中型战略时,一定要审视自身的状况,看看是否适合集中型战略。集中型战略的实施适用条件:首先,具有完全不同的用户群;其次,在相同的目标市场群中,其他竞争对手不打算实行重点集中的战略;再次,企业的资源不允许其追求广泛的细分市场;最后,行业中各细分部分在规模、成长率、获得能力方面存在很大的差异。

【案例分析】

联通在福建设立网络点首先是因为当时福建网络深度覆盖缺口大、网络的市场竞争力不足,在电信通信市场内缺乏一个完善的通信网络系列服务;其次,在福建电信市场内的销售渠道体系不完善,行政村服务覆盖率低,在当时 4G 网络刚开始运行,很多销售顾客、销售市场也有待开拓;再次,现有 4G 网络市场潜力没有得到充分利用,各种客户群体的需求量逐渐增加;最后,国内联通的竞争对手(移动和电信)当时并没有在福建大规模设点发展业务,这为联通在福建进行 4G 重点业务发展提供了良好的环境。因此,在此背景下,福建联通采取聚焦战略是明智之举,为进一步加快网络建设步伐,加大技术、业务、应用和产品创新力度,为广大用户提供全方位、高品质通信信息服务奠定了基础。

联通实施聚焦战略适用的条件。首先,电信行业属于特殊的行业,所有人都可以使用,只是每个人使用的套餐不同,仅此而已。所以联通的客户群分为不同种类、不同年龄层面,符合实施聚焦战略的条件。

其次,在国内电信市场中,移动和电信并没有采取聚焦战略,这为联通实施此项战略提供了便利,为联通在福建发展电信服务创造了有利的条件。福建联通提供客户爱用、适用、好用的产品,满足各种群体的客户需求,提升百姓对通信服务的满意度和获得感。4G时代,针对上网需求大的用户,中国联通推出无限流量卡、天王卡、沃快卡等多种大流量产品,丰富了其业务的多样性。

最后,联通针对地区的发达程度以及经济水平进行细分,这样一来偏远地区的通信与经济发展地区就产生了很大的差异,这也为福建联通的聚焦战略成功打下了坚实的基础。在实施此战略,联通完成了用户密集、感知明显的省内高速公路、主要乡镇、风景名胜景区和高校校园的全覆盖及网络补强,实现沿海重点地区优质覆盖和非沿海地区广覆盖赶超。

综上所述,联通具备实施聚焦战略的条件。

第7章　组织设计

案例7-1　金果子公司组织结构的选择

　　金果子公司是美国南部一家种植和销售黄橙和桃子两大类水果的家庭式农场企业，由老祖父约翰逊50年前开办，拥有一片肥沃的土地和明媚的阳光，特别适合种植这些水果。公司长期以来积累了丰富的水果存储、运输和营销经验，能有效地向海内外市场提供保鲜、质好的水果。经过半个世纪以来的发展，公司已初具规模。老祖父十年前感到自己体衰，将公司的管理权交给儿子杰克。孙子卡尔前两年从农学院毕业后，回到农场担任了父亲的助手。金果子公司大体上开展如下三个方面的活动：一是安排一批工人和管理人员在田间劳动，负责种植和收获橙和桃；二是高薪聘来一些农业科学家，从事开发研究，负责开发新的品种并设法提高产量；三是市场营销活动，由一批经验丰富的销售人员组成，他们负责走访各地的水果批发商和零售商。公司的销售队伍实力强大，而且他们也像公司其他部门的员工一样，非常卖力地工作着。杰克和卡尔对金果子公司的管理一直没有制定出正式的政策和规则，对工作程序和职务说明的规定也是很有限的。杰克相信，一旦人们对工作有了亲身了解后，就应当而且能够有效地开展工作。不过，金果子公司目前规模已经发展得相当大了。杰克和儿子卡尔都感到有必要为公司建立起一种比较正规的组织结构。杰克请来了他年轻时的朋友，现在已成为享有知名度的管理咨询人员比利来帮助他们。比利指出，他们可以有两种选择：一种是采取职能结构形式的职能部门制结构；另一种是按产品来设立产品事业部组织结构，这两类不同的组织设计图如下。那么他们应该选取何种组织结构呢？

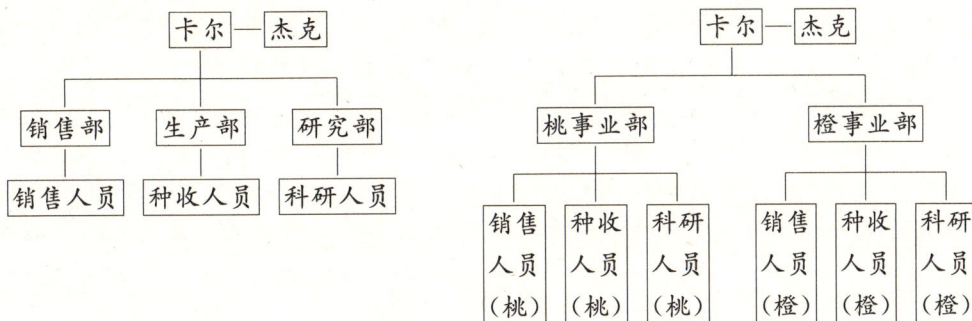

【问题】

运用组织结构的有关理论,说明该公司应选择什么类型的组织结构形式。并说明理由。

【知识点链接】

组织设计的过程中,应该遵循一些最基本的原则,如统一指挥原则、控制幅度原则、权责对等原则、柔性经济原则。组织在进行设计的时候还应考虑影响因素,影响组织设计的因素有"组织战略、技术、组织规模、组织环境。

【案例分析】

结合本案例,金果子公司由于产品销售量增加、公司规模扩大需要设置专门的组织机构来对公司业务进行管理,根据公司的实际情况比利提供了两种组织结构。根据组织设计的原则,可以从以下几方面考虑:

(1)组织设计柔性经济原则。对比两种组织结构我们可以看出,职能部门制下的组织结构简单,桃子和橙子的销售人员、种收人员、科研人员相互共用,毕竟桃子和橙子的差异不大,这样会节约成本,人员少也好控制。

(2)组织设计应考虑的因素,首先是技术因素。金果子公司种植、销售的两种差别不大的普通水果,在种收、研发的技术上都有相似之处,所以不用划分出产品事业部。其次是组织环境影响因素。金果子公司只是扩大了规模,产品并没有变,将原来的生产销售按职能划分,对组织进行管理。

(3)组织结构的优缺点,本案例中涉及的职能部门制和产品事业部制,两种组织结构各有利弊,组织应该选择适合自己的组织结构。

综上,事业部制的使用条件是各个事业部有各自的产品和市场差别较大时才适用。事业部制有一个最大的缺点是机构重复造成资源的浪费,如果产品和市场差别不大,各机构的职能内容相当的话,就没有必要设立事业部制;因为桃和橙都是人们喜欢而且是普通的中档水果,其生产和销售内容相同,销售商相同,桃和橙有季节性交错,没必要重复设置种收人员。所以,职能部门制较为合适。

案例 7-2　谁该拥有权力

刘民是一个公司的部门经理,在某一天同车上班的路上,他和另一个部门经理讨论自己的管理工作。在交谈中发现,刘民特别为两个助手伤脑筋,他抱怨说:"这两个人在刚进公司时,我一直耐心地告诉他们,在刚开始工作时,凡是涉及报销和订货的事都要事先与我商量一下,并叮嘱他们,在未了解情况之前,不要对下属人员指手画脚。但是,到现在都快一年了,他们还是什么事情都来问我。例如,王大同上星期又拿着一笔不到 1000 元的报账单来问我,这完全是他可以自行处理的嘛!两星期前,我交给孙文国一项较大的任务,叫他召集一些下属人员一起搞,而他却一个人闷头搞,根本不叫下属人员来帮忙,他们老是这样大小事情都来找我,真没办法。"

几乎与此同时,刘民的两位助手也在谈论着自己的工作。王大同说:"上周,我找刘民,要他签发一张报账单,他说不用找他,我自己有权决定,但在一个月前,我因找不到他,曾自己签发过一张报账单,结果被财务部退了回来,原因是我的签字没有被授权认可。为此,我上个月曾专门写了一份关于授权我签字的申请报告,但他一直没有批下来。我敢说我给他的报告他恐怕还锁在抽屉里没看过呢!"孙文国接着说:"你说他的工作毫无章法,我也有同感。两周前,他交给我一项任务,并要求我立即做好,为此我想得到一些人的帮助,去找了一些人,但他们却不肯帮忙。他们说除非得到刘民的同意,否则他们不会来帮助我。今天是完成任务的最后日期,我却还没有完成。他又要抓我的辫子了,又要把责任推给我了。我认为,刘民是存心这样的,他怕我们搞得太好抢他的位子。"

【问题】

刘经理在分权方面存在什么问题?他应该怎样做才能改变与助手的关系?

【知识点链接】

组织的功能:管理者从事组织工作的目的在于分配工作、确定权责关系、促进沟通与协调、构建分工协作体系、提高效率和工作的质量、培养组织能力。

组织设计的任务,包括职能与职务的分析与设计、部门设计、层级设计。

组织设计的原则,包括统一指挥原则、控制幅度原则、权责对等原则、柔性经济原则。

组织设计的程序,包括劳动分工、部门化、层级化、协调化。

【案例分析】

案例中刘民的两个助手和刘民没有实现共同的目标,主要有以下几点:(1)刘民对两个助手的职能与职务没有给出明确规定,造成王大同的报销签字无法得到公司其他部门的认同,这样部门之间难以协调,影响了工作进度。并且王大同向他提交申请签字有效的报告时,他也没能及时和助手协调。(2)刘民虽让孙文国找下属帮忙,却没有通知到下属,由于统一领导的限制,孙文国得不到下属的帮忙,这时刘民又责怪助手办事不力。事实上,根据组织设计的程序,要对工作进行分工来提高工作效率,而刘民给助理职位却不给其职权。(3)刘民和其助手之间相互抱怨却不进行沟通,如果两位助手的权力范围继续"有名无实"的话,就会造成孙文国和王大同的工作积极性降低,无法完成任务。

因此,组织的功能就是要分工协作,提高工作效率。经理刘民存在集权的行为,给助手安排工作却不肯分权给下属,致使助手王大同和孙文国在执行中处处碰壁,有分权的倾向却没有分权的实际行为,这就造成助手的有责无权、权责不对等,影响工作的完成。此外,刘民要想改变与助手的关系,就应该在分配工作的时候将权力下放,这样工作才能执行下去,同时要和其他部门及其领导的下属进行沟通,将分权落到实处,也要和助手多沟通,应该信任助手的工作,"用人不疑"不要随意口头承认,又随意收回。

案例 7-3 到底应该"因事设人"还是应该"因人设事"

H市宇宙冰箱厂近几年来有了很大的发展,厂长周冰是个思路敏捷、有战略眼光的人。前几年"冰箱热"的风潮中,他已预见到今后几年中冰箱热会渐渐降温,变畅销为滞销,于是命该厂新产品开发部着手研制新产品,以保证企业能够长盛不衰。果然,不久冰箱市场急转直下,各大商场冰箱都存在着不同程度的积压。好在宇宙厂早已有所准备,立即将新研制生产出的小型冰柜投入市场,这种冰柜物美价廉且很实用,一问世便立即受到广大消费者的欢迎,宇宙厂不仅保住了原有的市场,而且又开拓于一些新市场。但是,近几个月来,该厂产品销售出现了一些问题,用户接二连三地退货,要求赔偿,影响了该厂产品的声誉。究其原因,主要出在生产上,主管生产的副厂长李英是半年前从 H 市二轻局调来的。她今年 42 岁,是个工作勤恳、兢兢业业的女同志,工作认真负责,口才好,有一定的社交能力,但对冰箱生产技术不太了解,组织生产能力欠缺,该厂生产常因所需零部件供应不上而停产,加之质量检验没有严格把关,尤其是外协件的质量常常不能保证,故产品接连出现问题,影响了宇宙厂的销售收入,原来较好的产品形象也有一定程度的破坏,这种状况如不及时改变,该厂几年来的努力也许会付诸东流。周厂长为此很伤脑筋,有心要把李英撤换下去,但又为难,因为李英是市二轻局派来的干部,和上面联系密切,并且她也没犯什么错误,如硬要撤,搞得不好会弄僵上下级之间的关系 。不撤换吧,厂里的生产又抓不上去,长此以往,企业很可能会出现亏损局面。周厂长想来想去不知如何是好,于是就去找该厂的咨询顾问某大学王教授商量,王教授听罢周厂长的诉说,思忖一阵,对周厂长说:"你何不如此如此呢?"周厂长听完,喜上眉梢,连声说:"好办法、好办法!"于是便按王教授的意图回去组织实施。果然,不出两个月,宇宙厂又恢复了生机。王教授到底如何给周厂长出谋划策的呢?原来他建议该厂再设一生产指挥部,把李英升为副指挥长,另任命一懂生产有能力的赵翔为生产指挥长主管生产,而让李英负责抓零部件、外协件的生产和供应,这样既没有得罪二轻局,又使企业的生产指挥的强化得到了保证,同时又充分利用了李、赵两位同志的特长,调动了二人的积极性,解决了一个两难的难题。

小刘是该厂新分来的大学生,他看到厂里近来一系列的变化,很是不解,于是就去问周厂长:"厂长,咱们厂已经有了生产科和技术科,为什么还要设置一个生产指挥部呢?这不是机构重复设置吗?我在学校里学过有关组织设置方面的知识,从理论上讲组织设置应该是因事设人,咱们厂怎么是因人设事,这是违背组织设置原则的呀!"周厂长听完小刘一连串的提问,拍拍他的肩膀说:"小伙子,这你就不懂了,理论是理论,实践中并不见得都有效。"小刘听了,仍不明白,难道是书上讲错了吗?

【问题】

1.在企业中如何设置组织机构?

2.企业到底应该"因事设人"还是应该"因人设事"?

3.你认为王教授的建议是否合适?

【知识点链接】

组织的功能:管理者从事组织工作的目的在于分配工作、确定权责关系、促进沟通与协调、构建分工协作体系、提高效率和工作的质量、组织能力的培养。

组织设计的任务,包括职能与职务的分析与设计、部门设计、层级设计。

组织设计的原则,包括统一指挥原则、控制幅度原则、权责对等原则、柔性经济原则。

组织设计的程序,包括劳动分工、部门化、层级化、协调化。

【案例分析】

1.在企业中如何设置组织机构?

企业在进行组织设计的时候首先应该考虑组织设计的原则,包括统一指挥原则、控制幅度原则、权责对等原则、柔性经济原则。其次要考虑影响组织设计因素,比如组织战略、技术、组织规模、环境等因素。本案例中由于李英在生产技术上的缺失,导致宇宙厂的经营遇到难题。因为组织设计中的统一指挥原则,李英掌管生产大权,但是她不懂生产技术方面的知识,虽然很努力却没有成效。周厂长接受了咨询顾问王教授的建议,在原有基础上设立生产指挥部,将职能职权分离,李英负责生产技术以外的工作,让懂技术的赵翔担任生产指挥部部长主管生产业务,这种职能部门建立使得劳动分工更合理,工作效率提高。

2.企业到底应该"因事设人"还是应该"因人设事"?

就大学生小刘的疑问而言,是"因事设人"还是"因人设事",主要是根据影响企业自身组织设计的因素。周厂长为了使得工作效率提高而对组织内部人事进行协调,无论职位是因人而设,还是因事而设都是要根据影响组织发展的因素来确定。组织自身的环境需要企业因李英而设立生产指挥部,由于技术限制,以及李英和上级联系的关系,决定了该厂"因人设事",在不得罪上级领导的同时又对劳动进行细化分工。这样改善了宇宙厂的窘境。

3.你认为王教授的建议是否合适?

我认为王教授的建议是合适的。首先,在经过王教授的建议后,宇宙厂的经营状况得以改善;其次,王教授的建议符合组织设计原则中的柔性经济,在原有部门的基础上加上了新的生产指挥部,只是进行了劳动分工,并没有增加人员,节约了成本却起到了作用。

案例 7-4 护士长的辞职信

尊敬的钟院长:

您好!

我叫李玲,是医院内科的护士长,我当护士长已经有半年了,但我再也无法忍受这种工作了,我实在干不下去了。我有两个上司,他们都有不同的要求,都要求优先处理自己布置的事情。然而我只是一个凡人,没有分身术,我已经尽了自己最大的努力来适应这样的工作要求,但看来我还是失败了,让我给您举个例子吧。

昨天早上 8:00,我刚到办公室,医院的主任护士叫住我,告诉我她下午要在董事会上作汇报,现急需一份床位利用情况报告,让我 10:00 前务必完成。而这样一份报告至少要花一个半小时才能写出来。30 分钟以后,我的直接主管,基层护士监督员王华走进来突然质问我为什么不见我的两位护士上班。我告诉她外科李主任因急诊外科手术正缺人手,从我这要走了她们两位借用一下,尽管我表示反对,但李主任坚持说只能这么办。王华听完我的解释,叫我立即让这些护士回到内科来,并告诉我一个小时以后,她回来检查我是否把这事办好了！像这样的事情举不胜举,每天都要发生好几次。

这样的工作我实在无法胜任,特向您辞职,请批准。

【问题】

1.案例中李玲所在的这家医院在组织结构的运行上合理吗？为什么？

2.要避免案例中的这种结局,谈谈你的建议。

【知识点链接】

统一指挥原则、授权应遵循的原则。统一指挥原则是指一个下级只接受一个上级的命令和指挥,同时一个下级只对这个上级负责。它是评价组织运行合理与否的重要标准之一。不越级授权,不交叉授权,以保证命令的统一是授权应遵循的原则之一,是组织结构合理运行的基本保证。

【案例分析】

1. 案例中李玲所在的这家医院在组织结构的运行上合理吗？为什么？

李玲所在的这家医院在组织结构运行上是不合理的,这也正是导致护士长李玲辞职的根本原因。

首先,从统一指挥原则可知,一个下级只接受一个上级的命令和指挥,同时一个下级只对这个上级负责。该原则要求:上下级之间要形成一条纵向连续的等级链,一个下级只有一个上级领导。

案例中,李玲"有两个上司",在几乎同一时间内,主任护士让她写报告,基层护士监督员让她找人,这种多头领导的局面,严重影响了组织管理的效率。

其次,从授权原则可知,为了使组织结构有效地运行,不能越级授权,不交叉授权,以保证命令的统一。授权者不要越过下级去干涉下级职权范围的事务,因为这样会造成直接下级失去对其职权范围的事务的有效控制。另外,授权者不可将不属于自己权力范围的权力授予下级,以避免交叉指挥,造成管理混乱和效率低下。

案例中,"外科李主任因急诊外科手术正缺人手",将不属于自己权力范围的权力授予李玲,让她在内科调用两名护士,而李玲的直接主管王华叫李玲"立即让这些护士回到内科部",这样,就形成了交叉指挥,从而造成管理混乱,组织结构运行效率低下。

2. 要避免案例中的这种结局,谈谈你的建议。

要避免案例中由于组织结构运行不合理所致的李玲辞职这一结局,需要两方面的努力。

首先,由题1分析可知,案例中这家医院的组织运行不合理,大大降低了组织的运行效率,造成了管理混乱,因此,应该严格遵循组织设计以及组织结构运行的原则对这家医院的组织结构进行再设计,确定李玲唯一的直接上司,统一指挥,保证一个下级只接受一个上级的命令和指挥,同时一个下级只对这个上级负责。

其次,有了合理的组织结构,还需要明确规定每个层次管理者的任务、职责和权限,明确自己的上级是谁,下级是谁,对谁负责。明确工作的程序与渠道,从何处获得信息等。案例中,李主任不应超越自己的权力范围直接向内科借调护士,而应向李玲护士长的直接上司王华说明情况,经王华同意后方可调用,这样就避免了交叉指挥、多头领导的现象的发生。同时,作为护士长的李玲,遇到双重领导指挥的情形时,应与直接上司商议行事。

李玲在接到李主任的命令后,应及时向王华报告,经王华同意后,方可执行。

案例 7-5　后勤集团组织结构的变革

　　某校后勤部门在多年的改革和发展中通过承包、自主经营、实行公司制等,现在已成为拥有多家子公司的企业集团,经营范围涉及餐饮、食品加工、机械、电子、房地产等多个领域,但在管理组织上还是沿用过去实行的集权的直线职能制,严重制约了公司的发展和员工积极性的提高。最近,公司领导认识到必须改变这一做法以促进公司的进一步发展。

　　【问题】

　　运用组织结构的有关理论,说明该公司应采取什么类型的组织结构形式。

　　【知识点链接】

　　事业部型的组织结构首创于 20 世纪 20 年代,最初由美国通用汽车公司副总经理斯隆创立,又称斯隆模型。它是以组织的产品、地域、服务对象和职能等为基础,把组织划分为多个事业部的一种分权管理组织结构,各事业部有独立的产品市场、独立责任和利益,实行独立核算,总部集中事关大政方针、长远目标以及人事管理、财务控制、组织监督等一些全局性问题的重大决策。

　　【案例分析】

　　公司业务发展到餐饮、食品加工、机械、电子、房地产等多个领域后,原来实行的集权的直线职能制的结构无法适应公司多元化经营的需要,严重制约了公司的发展空间,不能根据各领域的经营实践调动员工的工作积极性。因此可通过按产品设立独立核算、自负盈亏的利润中心,建立事业部型的组织结构来促进公司的进一步发展。

　　事业部组织结构在多元化经营领域有较高效率,是因为它把总公司从日常经营中解放出来集中进行战略性活动,而各事业部有很大的自主性,可以灵活地应付市场变化,并因为有较强的责任和利益,可以发挥员工的积极性和主动性。同时,这一形式还有利于组织的专业化运作,可以保证总公司的稳定发展,便于培养高级管理人才。

第8章　人员配备

案例 8-1　施乐公司的团队建设

20世纪70年代,施乐公司经营陷入低谷。从1980年开始,新总裁大卫开始塑造企业团队精神。施乐团队建设的一条重要原则就是鼓励员工之间"管闲事",对同僚业务方面的困难,应积极帮助。为此,施乐经常派那些销售业绩良好的员工去帮助销售业绩不佳的员工,他们认为,合作应从"管闲事"开始。施乐团队建设的第二条重要原则就是强调经验交流和分享。任何一位员工有创意且成功的做法,都会得到施乐公司的赞美和推广。施乐团队建设的第三条重要原则是开会时允许参加者海阔天空地自由发挥,随意交流,并允许发牢骚、谈顾虑,即便是重要的会议也开得像茶馆那样热闹,经常是"说者无心、听者有意",启发出旁听者的火花般灵感,以至于思路大开。

团队建设离不开人。施乐选拔人才特别强调合作精神,常常把骄傲的人拒之门外。他们认为,骄傲的人往往对一个团队具有破坏力,哪怕是天才也不接受。施乐需要的是强化彼此成就的人,即合作重于一切。

施乐的团队建设并不排斥竞争,但强调竞争必须不伤和气,不但要公平,而且讲究艺术。例如,公司下属某销售区各小组间的竞争就显得幽默而有效率:每月底,累计营业额最低的小组将得到特殊的"奖品"——一个小丑娃娃,而且以后一月内必须放在办公桌上"昭示"众人,直到有新的"中奖者"。各小组自然谁也不愿"中奖",为此,大家你追我赶,唯恐垫底"中奖"。至1989年,施乐扭亏为盈,后逐渐在世界140个国家建立了分公司。

【问题】

1.施乐公司在开会时允许参加者海阔天空地自由发挥,随意交流,并允许发牢骚。这种方式有什么利弊?

2.根据本案例,你认为团队较之于一般群体有何优点?

3.根据施乐公司的经验,加上你的实践经验,你觉得应如何建立有效的团队?

【知识点链接】

团队精神是一种优秀的组织文化。组织文化是组织在长期的实践活动中所形成的并且为组织成员普遍认可和遵循的具有本组织特色的价值观念、团体意识、工作作风、行为规范和思维方式的总和。优秀的组织文化能起到激励作用、导向作用、规范作用、凝聚作用和稳定作用。

【案例分析】

1.施乐公司在开会时允许参加者海阔天空地自由发挥,随意交流,并允许发牢骚。这种方式有什么利弊?

这种方式属于头脑风暴法,即将为解决某一问题的人集合在一起,在完全不受约束的条件下,敞开思路,畅所欲言。这种方式的有利之处:①独立思考,开阔思路;②能提出较多意见与建议;③对别人的意见不作任何评价,不会打击同伴的积极性;④也有利于补充和完善已有的意见。主要弊端在于建议往往太多,以至于正确的意见被淹没和忽视。

2.根据本案例,你觉得团队较之于一般群体有何优点?

较之于一般群体,团队的目的性更强,相互交往基础是出于工作协作而不是人际关系,相互之间能力互补,整体的灵活性更强。

3.根据施乐公司的经验,加上你的实践经验,你觉得应如何建立有效的团队?

可以从以下方面着手:(1)团队的人数:少于 12 人为宜;(2)团队人员的能力:要有技术、人际关系和决策三种能力;(3)分配角色,提倡多元化;(4)有共同的愿景;(5)有明确的目标;(6)有有效的领导;(7)有集体奖励政策;(8)相互信任;(9)性格与工作内容的组合。

案例 8-2　A 企业失败的人员招聘

A 企业集团正处于快速发展时期,急需高素质的人才加盟,通过优秀人才的加入推动企业的快速发展。因此集团要求引进中高级管理人才,包括人力资源部副经理、集团公共关系部经理、财务副经理等重要职位。人力资源部门和多家猎头公司签订了合作协议,开始了大张旗鼓的招募选拔。该公司招聘面试的流程是:猎头公司推荐候选人,候选人资料(简历)经人力资源部经理筛选后交总经理审阅后决定是否面谈,决定面谈后人力资源部和候选人协调时间,来公司面谈。面谈的程序是人力资源部接待候选人,参观公司的展厅、厂区,然后就是泛泛的谈话,包括了解候选人的学习工作经历、兴趣特长等等。经面谈后人力资源部经理根据自己谈话的感觉向总经理汇报,询问总经理是否见面。总经理求才心切,担心好的人才被人力资源部误杀,一般都要亲自面谈,根据谈话的感觉决定是否聘用。总经理对某猎头公司推荐来的公关部经理人选经面谈后感觉非常好,当天就留下候选人跟随其去参加公司的对外接待,并通知人力资源部立刻办理录用手续。该公司在办理录用手续时需要填写员工登记表,在学历一栏里公关部经理填的是某名牌大学的两年制大专,而猎头公司推荐的简历上写的是某名牌大学的中文系本科生。这两者间学历相去甚远,并且总经理对人力资源部提出了要求,公关部经理的学历必须是名牌大学的中文专业的本科生或研究生。无奈人力资源部经理早在公关部经理正式入职前的介绍会上就说是某名牌大学中文系的本科学历,于是乎人力资源部只有把学历不符作为秘密保守。然而,过了新人试用的甜蜜期后,公关部经理在很多方面的表现很一般,总经理对此颇有微词,但也表现得很无奈。

【问题】

1.该公司在公关部经理招聘面试过程中存在哪些方面的问题?

2.企业应该怎样进行招聘甄选呢?

【知识点链接】

招聘是在合适的时间为合适的岗位寻找到合适的人选,依照市场规则和企业人员配备计划的要求,通过各种可行的手段及媒介,向目标公众发布招聘信息,发现和吸引潜在雇员的一个过程。人员甄选包括招聘测试、测评中心与面试。其中面试是一种面试人与求职者之间相互交流信息的有目的的双向沟通,有利于招聘方和受聘方都能得到充分的信息,以在招聘中做出正确的决定。

【案例分析】

1.该公司在公关部经理招聘面试过程中存在哪些方面的问题?

(1)招聘前公司没有确立明确的任职资格。确定候选人胜任的关键素质模型。总经理只是简单地要求"名牌大学中文专业的研究生或者本科生"。非常抽象,不具体。(2)该公司没有制定科学的招聘甄选流程。对简历的筛选没有标准,简单、随意,没有科学的简历评估体系。对于候选人的面试非常随意,没有科学的甄选体系。没有进行全面的测评,仅仅是以总经理的感觉为主,人力资源管理人员在候选人基本情况审核方面完全失职,考虑到是猎头公司推荐过来的人选,就没有对候选人的学历、经历等基本情况进行考察,也没有填写登记表,审查证件等。录用决策随意性,没有科学的录用决策体系,候选人的合适与否是以总经理是否满意为判定标准的,而不是按照任职资格所需要的素质能力模型进行判别。没有进行录用前的背景调查,学历、资质验证,草率决定。(3)对猎头公司的选择随意,没有对猎头公司进行筛选和考评猎头公司对候选人的学历、资历进行了包装,但人力资源部门没有进行认真的考察和核实。

2.那么该企业应该怎样进行招聘甄选呢?

(1)进行需求分析。明确招聘的目标,企业为什么要招聘人,什么样的人可以满足目标岗位的需要。目标岗位的职责是什么、岗位创造的价值是什么? 在此基础上制定符合企业战略目标的人才甄选模型。(2)制定企业的招人标准。包括企业的用人观;目标岗位的任职要求;通过职位分析确定岗位职责及能力素质要求;制定岗位的胜任能力模型;根据岗位职责及胜任能力模型确定招聘测试的内容与方法。(3)制定有效的简历识别和筛选流程,以及目标岗位简历筛选的标准。(4)设计和制定面试流程。包括不同岗位类别面试官的确定,面试官的分工以及面试执行标准、实施流程等。通过流程保证面试测评的全面性和面试结果的科学性。(5)确定面试考察的项目及内容。包括结构化面试的题目、笔试题目,综合能力及性格测评的工具和方法。(6)制定录用决策模型。分配各种测评的权重,根据权重计算结果,依据计算汇总的结果确定候选人、对候选人进行背景调查、确定录用。

案例 8-3　环球公司管理人员怎么了

环球商贸公司成立于 1988 年,成立后公司发展迅速,目前拥有 10 多家连锁店。近年来,从公司外部招聘来的中高层管理人员,大约有 50％的人员不符合岗位的要求,工作绩效明显低于公司内部提拔起来的人员。在过去的两年中,从公司外聘的中高层管理人员中有 8 人不是自动离职就是被解雇。从外部招聘来的宇都分公司经理因年度考评不合格而被免职之后,终于促使总裁黄天宇召开一个由行政副总裁、人力资源部经理出席的专题会议,分析这些外聘的管理人员频繁离职的原因,并试图得出一个全面的解决方案。

人力资源部经理就招聘和录用的过程作了一个回顾,公司是通过职业介绍所或报纸上刊登招聘广告来获得职位候选人的。人员挑选的工具包括一份申请表,三份测试试卷(一份智力测试和两份性格测试),有限的简历检查以及必要的面试。行政副总裁认为:他们在录用某些职员时,犯了判断上的错误,他们的履历表看起来不错,他们说起话来也头头是道,但是工作了几个星期之后,他们的不足就明显地暴露出来了。

黄总裁则认为,根本的问题在于没有根据工作岗位的要求来选择适用的人才。"从离职人员的情况来看,几乎所有我们录用的人都能够完成领导交办的工作,但他们很少在工作上有所作为、有所创新。"人力资源部经理认为公司在招聘时过分强调了人员的性格和能力,而并不重视应聘者过去在零售业方面的记录,例如在 7 名被录用的部门经理中,有 4 人来自与其任职无关的行业。行政副总裁指出,大部分被录用的职员都有某些共同的特征,例如他们大都在 30 岁左右,而且经常跳槽,曾多次变换自己的工作;他们都雄心勃勃,并不十分安于现状。在加入本公司后,他们中的大部分人与同事关系不是很融洽,与直属下级的关系尤为不佳。会议结束的时候,黄总裁要求人力资源部经理:"彻底解决公司目前在人员招聘上存在的问题,采取有效措施从根本上提高公司人才招聘的质量。"

【问题】

1.环球公司管理人员的招聘有什么问题? 造成这些问题的原因是什么?

2.您对该公司管理人员的招聘有哪些更好更具体的建议?

【知识点链接】

招聘是在合适的时间为合适的岗位寻找到合适的人选,依照市场规则和企业人员配备计划的要求,通过各种可行的手段及媒介,向目标公众发布招聘信息,发现和吸引潜在雇员的一个过程。根据不同的职位对人员素质的不同要求,来评价和选聘员工,比如主管人员特别需要考虑其管理的欲望。招聘的渠道有内部招聘与外部招聘,在招聘中应该充分考虑两种方式的优缺点。内部招聘的优点在于有利于全面了解选聘对象,有利于被选聘者迅速开展工作,有利于鼓舞士气,调动积极性;其缺点在于来源局限,近亲繁殖,可能造成内部矛盾。外部招聘的优点在于来源广,有利于招来一流人才,获得新人才新思想新方法,可以平息缓和内部竞争的矛盾,节约培训成本;其缺点在于内部员工士气可能受到影响,应聘者对组织历史情况不了解,不能迅速开展工作。人员招聘中运用的方法也很重要,除了招聘测试与面试外,测评中心的无领导小组讨论、公文处理联系,情景模拟,管理游戏也需要运用在企业的招聘中。

【案例分析】

1.环球公司管理人员的招聘有什么问题？造成这些问题的原因是什么？

问题如下：（1）招聘的人员不符合岗位要求，工作绩效低于内部提拔人员（50％中高层管理）。（2）外聘人员的流动率较高。

原因如下：（1）在公司中高层管理人员的培养上，公司过分强调外部招聘的作用。（2）通过职业介绍所或报纸上刊登广告招聘中高级管理人员并不是最佳选择。（3）招聘的测试只考虑了智力测试和性格测试，忽略了管理者应具备的沟通能力、决策能力等方面的测试。（4）忽略了应聘者的过去经验与资历，忽略了招聘之前的准备工作。

2.您对该公司管理人员的招聘有哪些更好更具体的建议？

（1）招聘过程应符合招聘的基本原则：效率优先原则、双向选择原则、公平公正原则、确保质量的原则。（2）企业的中高层管理队伍不仅要考虑从外部招聘，也可考虑从企业内部培养。（3）招聘中高层管理者可以考虑用猎头公司招聘，虽成本较高，但针对性较强。（4）招聘的方法除了简历审核、面试和测试外，也可考虑运用情景模拟方法比如无领导小组讨论、文件筐方法进行考核。（5）重视招聘人员的过去工作经历，运用行为描述的面试方式进行提问。（6）做好面试之前的充分准备，必要时对面试主考官进行培训。

案例 8-4　企业培训难道是"为他人作嫁衣"

B公司是一家中外合资服装生产企业，年初曾投资3万美元送6名中方经理到其欧洲公司总部接受近6个月的培训，回到中国后，这6名经理负责管理公司生产，他们的月薪高达4000美元。可是他们在同一天同时请了病假，然后再也没回来。该公司人力资源部经理说一家在中国东北新建立的中资服装生产企业以每人每月8000美元挖走了他们。

这家合资公司花了巨额培训费，却损失了中国目前接受过最佳专业训练的管理队伍。不仅如此，企业订单和销售渠道也跟着流失，由骨干出走而造成的职位空缺，因一时难以补充合适人才而使生产销售陷于瘫痪状态。

而此前该公司人事经理还提到公司一年前曾有两名销售人员辞职，辞职原因：他们认为该公司缺少一套切实可行的员工培训计划，在这里干下去看不到发展的希望。为此，企业才不惜加大培训投入，不曾想却导致如此局面。公司负责人深感困惑：企业正是为留住人才耗费巨资进行培训，为什么培训反而加剧了人才流失呢？受训员离职是给培训企业带来的一个十分普遍的令人头痛的问题，也是培训发展的一大障碍。有的企业人事经理甚至感叹：不培训是等死，怎么培训了反而变成找死？

【问题】

1.B公司的人员培训存在什么问题？

2.B公司应该怎么做才能避免产生这种问题？

【知识点链接】

人员培训是指企业通过各种方式使员工具备完成现在或者将来工作所需的知识、技能，并改变工作态度，以改善员工在现在或将来职位上的工作绩效，所进行的有计划，有系统的战略性人力资本投资的活动过程。人员培训的必要性在于在知识快速发展的当今时代，组织必须向全体员工提供不断学习以便更新技能的条件，以面对竞争的挑战。其中获取和维护能长期保持高绩效水平的杰出员工是人力资源管理的重要任务。企业需要对员工进行职业规划管理是因为良好的职业生涯管理体系可以充分发挥员工的潜能，给优秀的员工一个明确具体的职业发展引导，保证企业拥有必要的人才。

【案例分析】

1.B公司的人员培训存在什么问题？

首先，案例中从离职的销售人员口中得知，B公司原先不重视人员培训，人员在这里看不到自身的发展以及公司的前景导致了人员的流失。其次，虽然后来B公司开始重视人员培训，但是管理人员依旧离开是因为以下两点：(1)投资培养出来的人才的流动是正常的，不要因为个别人培训后跳槽就因噎废食。(2)B公司没有对员工进行职业规划管理，没有做到人才培训和个人的发展相结合。

2.B公司应该怎么做才能避免产生这种问题？

首先，对于正常的人才流动，B公司可以要求员工在接受培训前要签订《培训服务协议书》，规定员工接受某类培训后在本公司的最短服务年限，如果未满服务期要求流动，应补偿企业的培训损失。同时平时也要做好人才储备工作，当出现人员流动的时候，不至于无将可派。其次，B公司应该重视人员培训，使员工具备完成现在或者将来工作所需的知识、技能，并改变工作态度，以改善员工在现在或将来职位上的工作绩效。最后，B公司应该对员工进行职业规划管理，做到人才培训和个人的发展相结合，让他们感觉到公司的前途是看得见摸得着的，这个发展机会不是凭空许诺，而是实打实兑现的。具体来讲，可以将每一步晋升和培训联系在一起，培训方式采用开放式、参与式，训练前总是订立行动目标，而且目标很具体，既针对个人的具体情况，又体现公司的总体规划，同时具有挑战性，使受训人才与企业紧紧联系在一起，能够有效地避免人才的流失。

第9章 激励

案例 9-1 海尔的正强化激励措施

在海尔的企业内部,将激励手段分为正激励(奖)和负激励(罚)两种。正激励是对员工符合组织目标期望的行为而进行的奖励,使这种积极向上的行为更多地出现,即更好地调动员工的积极性。

例如,在海尔的奖励制度中有一项叫"命名工具",这些被改革后的新工具的发明者都是在一线的普通工人。如工人李启明发明的焊枪被命名为"启明焊枪",杨晓玲发明的扳手被命名为"晓玲扳手"。张瑞敏看到了普通工人创新改革的深远意义,并想出了一个激励员工创新的好措施,即用工人的名字来命名他所改革的创新工具。这一措施大大激发了普通员工在本岗位创新的激情,后来不断有新的命名工具出现,员工以此为自豪!最初海尔开始宣传"人人是人才"时,员工反应平淡。他们想:我又没受过高等教育,当个小工人算什么人才?但是当海尔把一个普通工人发明的一项技术革新成果,以这位工人的名字命名,并且由企业文化中心把这件事作为一个故事登在《海尔人》报上,在所有员工中传开之后,工人中很快就兴起了技术革新之风。对员工创造价值的认可,是对他们最好的激励,及时的激励和更大的上升空间能让员工觉得工作起来有盼头,有奔头,进而也能让员工创造更大的价值。

【问题】

根据激励相关理论,结合对海尔采取的正激励手段,分析总结正激励在企业激励管理中所应该正确把握的原则。

【知识点链接】

激励是通过刺激激发人的动机,增强人的内在动力,促使个体有效地达到目标的心理过程,即调动人的积极性。激励的最终目的是在实现组织预期目标的同时,也能让组织成员实现其个人目标,即达到组织目标与员工个人目标在客观上的统一。根据斯金纳的强化理论中的正强化,当人们采取某种行为时,能从他人那里得到某种令其感到愉快的结果,这种结果反过来又成为推进人们趋向或重复此种行为的力量。

【案例分析】

海尔公司把自己的组织目标创新与工人的个人价值目标相联系,利用斯金纳的强化理论对员工的创新行为进行正强化激励,用工人的名字来命名普通工人发明的创新工具,同时海尔把每一个普通工人发明的一项技术革新成果,以这位工人的名字命名,并且由企业文化中心把这件事作为一个故事登在《海尔人》报上,这在公司内部扩大了宣传创新、技术革新之风,恰当地发挥了海尔的精神激励方式。同时海尔的激励及时也充分地让员工保持了积极的创造力,激发了员工的工作热情。

通过对海尔正激励手段的分析,可以总结正激励在企业激励管理中所应把握的原则:

(1)把物质奖励与精神奖励相结合。

(2)营造良好的心理气氛,即营造"好的使人羡慕,坏的使人厌恶"的气氛。

(3)奖励要及时,不能等到年终总结再奖励。

(4)奖励要考虑员工的需求差异。

(5)奖励程度要与贡献相当。

(6)对于非期望的行为进行的惩罚,目的是修正行为,使这种不当行为不再出现,从而使错误的倾向朝正确的方向转移。

案例 9-2 李强的困惑

李强已经在智宏软件开发公司工作了 6 年。在这期间,他工作勤恳负责,技术能力强,多次受到公司的表扬,领导很赏识他,并赋予他更多的工作和责任,几年中他从普通的程序员晋升到了资深的系统分析员。虽然他的工资不是很高,住房也不宽敞,但他对自己所在的公司还是比较满意的,并经常被工作中的创造性要求所激励。公司经理经常在外来的客人面前赞扬他:"李强是我们公司的技术骨干,是一个具有创新能力的人才……"

去年 7 月份,公司有申报职称指标,李强属于有条件申报之列,但名额给了一个学历比他低、工作业绩平平的老同志。他想问一下领导,谁知领导却先来找他:"李强,你年轻,机会有的是。"

最近李强在和同事们的聊天中了解到他所在的部门新聘用了一位刚从大学毕业的程序分析员,但工资仅比他少 50 元。尽管李强平时是个不太计较的人,但对此还是感到迷惑不解,甚至很生气,他觉得这里可能有什么问题。

在这之后的一天下午,李强找到了人力资源部宫主任,问他此事是不是真的,宫主任说:"李强,我们现在非常需要增加一名程序分析员,而程序分析员在人才市场上很紧俏,为使公司能吸引合格人才,我们不得不提供较高的起薪。为了公司的整体利益,请你理解。"李强问能否相应提高他的工资。宫主任回答:"你的工作表现很好,领导很赏识你,我相信到时会给你提薪的。"李强向宫主任说了声"知道了"便离开了他的办公室,开始为自己在公司的前途感到忧虑。

【问题】

用双因素理论解释李强的忧虑、困惑,并谈一谈企业应如何做才能更好地、有效地激励员工。

【知识点链接】

激励理论中的双因素理论将影响工作效率的因素分为保健因素和激励因素两类。保健因素是指那些与人们的不满情绪有关的因素,包括本组织的政策和管理、监督、工作条件、人际关系、薪金、地位、职业安定及福利等。激励因素是使职工感到满意的因素,包括工作本身、认可、成就和责任,这些因素涉及对工作的积极感情,又和工作本身的内容有关。这些积极感情和个人过去的成就,被人认可,以及担负过的责任有关,它们的基础在于工作环境中持久的而不是短暂的成就。

【案例分析】

依据赫兹伯格的双因素理论,保健因素如果得到满足的话,则可以消除员工对企业的不满情绪;如果得不到满足的话,则员工就会产生对企业的不满情绪。尽管保健因素不能起到激励作用,却是人们有效工作的必要条件,能防止职工产生不满情绪。激励因素如果得到满足则感到满意,得不到满足则没有不满意,它能产生使职工满意的积极效果。但企业必须提供某些条件以满足保健因素的需要,才可以保持人们一定的工作积极性。

导致李强忧虑、困惑的原因是企业激励工作存在一定的问题:只注重了激励因素,而忽略了保健因素。要取得有效的激励效果,该公司主管人员必须做到:坚持物质利益原则;坚持按劳分配;随机制宜,创造激励条件;以身作则,发挥榜样的作用。

案例 9-3 油漆工人为何闹事

钱兵是某名牌大学企业管理专业毕业的大学生,分配到宜昌某集团公司人力资源部。前不久,因总公司下属的某油漆厂出现工人集体闹事问题,钱兵被总公司委派下去调查了解情况,并协助油漆厂高厂长理顺管理工作。

到油漆厂上班的第一周,钱兵就深入"民间",体察"民情",了解"民怨"。一周后,他不仅清楚地了解到油漆厂的生产流程,同时也发现工厂的生产效率极其低下。工人们怨声载道,他们认为工作场所又脏又吵,条件极其恶劣,冬天的车间内气温只有零下 8 度,比外面还冷,而夏天最高气温可达 40 多度;而且他们的报酬也少得可怜。工人们曾不止一次地向厂领导提过,要改善工作条件,提高工资待遇,但厂里一直未引起重视。

钱兵还了解了工人的年龄、学历等情况,工厂以男性职工为主,约占 92%。年龄在 25~35 岁之间的占 50%,25 岁以下的占 36%,35 岁以上的占 14%。工人们的文化程度普遍较低,初高中毕业的占 32%,中专及其以上的仅占 2%,其余的全是小学毕业。钱兵在调查中还发现,工人的流动率非常高,50% 的工人仅在厂里工作 1 年或更短的时间,能工作 5 年以上的不到 20%,这对生产效率的提高和产品的质量非常不利。

于是,钱兵决定将连日来的调查结果与高厂长做沟通,他提出了自己的一些看法:"高厂长,经过调查,我发现工人的某些起码的需要没有得到满足,我们厂要想把生产效率搞上去,要想提高产品的质量,首先得想办法解决工人们提出的一些最基本的要求。"可是高厂长却不这么认为,他恨铁不成钢地说:"他们有什么需要? 他们关心的就是能拿多少工资,得多少奖金,除此之外,他们什么也不关心,更别说想办法去提高自我。你也看到了,他们很懒,逃避责任,不好好合作,工作是好是坏他们一点也不在乎。"

但钱兵不认同高厂长对工人的这种评价,他认为工人们不像高厂长所说的这样。为进一步弄清情况,钱兵采取发放问题调查问卷的方式,确定工人们到底有什么样的需要,并找到哪些需要还未得到满足。他也希望通过调查结果来说服厂长,重新找到提高士气的因素。于是他设计了包括 15 个因素在内的问卷,当然每个因素都与工人的工作有关,包括:报酬、员工之间的关系、上下级之间的关系、工作环境条件、工作的安全性、工厂制度、监督体系、工作的挑战性、工作的成就感、个人发展的空间、工作得到认可情况、升职机会等。

调查结果表明,工人并不认为他们懒惰,也不在乎多做额外的工作,他们希望工作能丰富多样化一点,能让他们多动动脑筋,能有较合理的报酬。他们还希望工作多一点挑战性,能有机会发挥自身的潜能。此外,他们还表达了希望多一点与其他人交流感情的机会,他们希望能在友好的氛围中工作,也希望领导经常告诉他们怎样才能把工作做得更好。

基于此,钱兵认为,导致油漆厂生产效率低下和工人有不满情绪的主要原因是报酬太低,工作环境不到位,人与人之间关系冷淡。

【问题】

1.高厂长对工人的看法属 X 理论吗? 钱兵的问卷调查结果又说明了对人的何种假设?

2.根据钱兵的问卷调查结果,请你为该油漆厂出点主意,来满足工人们的一些需求。

【知识点链接】

对组织中人的不同看法,将直接影响到管理者的管理行为。本案例主要涉及的知识点有:X 理论、Y 理论、需要层次理论和双因素理论。为什么组织内有的成员工作积极肯干,有的成员却消极怠工? 行为科学理论认为,人的行为过程表现为:需要—动机—行为。为此,要使人的行为朝着组织的目标努力,就需要研究这种定向于组织目标的行为是由人的何种动机引发的,要产生这样的动机又需要满足人的何种需要。从本质上讲,人的工作表现由三个因素决定:能力、动机和环境。缺少其中任何一个因素,都会影响工作的绩效。然而,在不同的组织内由于管理者对人的认识不同,他们会采取不同的激励方式来激发人的动机,而且人的需要又是不同的,并随环境的变化而变化,这就会使组织内的成员产生不同的行为。因此,正确认识能引发人的动机的需要,并予以满足,将大大地提高人的积极性,使人愿多做工作或把工作做得更好。

【案例分析】

1.高厂长对工人的看法属 X 假设吗? 钱兵的问卷调查结果又说明了对人的何种假设?

案例中高厂长对工人的看法从人性的假设理论来看,主要体现为 X 假设。认为工人懒惰,不思进取,不求上进,工人的行为仅仅是为了金钱的获取。把工人完全看作"经济人",与泰勒制的有关思想是一致的。

而钱兵通过与工人的接触和了解,并在充分调查的基础上,认为工人不是这样的,工人愿意承担工厂的责任,愿意多为工厂干活,工人有发挥自身潜能的愿望,有与他人交往并被他人接纳的愿望,所以钱兵对工人的看法主要表现为 Y 假设。

2.根据钱兵的问卷调查结果,请你为该油漆厂出点主意,来满足工人们的一些需求。

根据马斯洛的需要层次理论,人的需要由低级到高级经历生理需要、安全需要、社交需要、自尊需要、自我价值实现需要五个层次,且人的行为主要取决于其主导需要。就案例中当前的情况来看,工人的主导需要应该是社交需要、自尊需要和自我价值实现需要。

从赫兹伯格的双因素理论来看,工人的保健因素可能包括:工作环境与条件、工作的安全性、工厂的规章制度等,激励因素可能包括工资报酬、工作的挑战性、工作的成就感、个人发展机会及升职的机会等。

据此,我们可以考虑从奖励手段、工人参与管理、丰富工作内容、美化工作环境、建立健全规章制度等方面着手来改进油漆厂目前的工作状态。

案例 9-4　奖金与积极性

一墙之隔的两家企业,甲企业由于经营不善,职工下岗回家;乙企业则因为其产品目前在市场上仍有一定的销路,所以职工并未都下岗,且每月都能按时领到工资,这时职工们表现出了空前的工作积极性,令厂长大惑不解:“当初有奖金的时候也没这么积极,这是怎么了?!”于是他决定去请教有关管理专家。

【问题】

假如该厂长去请教激励理论的专家,你认为这位专家将如何帮助该厂长分析解释这一现象?

【知识点链接】

双因素论将影响人的工作积极性和效率的工作条件或工作环境分成两类,即保健因素和激励因素。保健因素是指这样一类因素:当不具备时会引起人们的不满,当具备时不会产生很大的激励作用。它通常来自工作以外(工作环境)。激励因素是指这样一类因素:当不具备时不会引起不满,当具备时会产生很大的激励作用。它通常来自工作本身(工作内容)。管理者只有从激励因素入手才能调动员工的积极性。

【案例分析】

赫兹伯格把企业中影响人的积极性的因素分为保健因素和激励因素两大类:(1)保健因素与工作环境和外在条件有关,不能对员工产生巨大的激励;(2)激励因素通常与工作本身的特点和工作内容有关,构成很有效的激励和对工作的满足感。因此,管理者应从激励因素入手调动员工的积极性。

该厂的奖金性质在当初与现在不同。当初属于保健因素,现在却变成了激励因素,所以影响着工作的效果和人的积极性。

案例 9-5　销售经理的激励之道

　　上个月月底的一次公司办公会议上,公司李总经理宣布了一项人事任免决定:考虑到销售部陈兴经理月初出车祸受伤后,销售部工作受到了一定的影响,为了加强销售部工作,任命王军为销售部经理,免去他现任的公司办公室副主任职务,以便于他全力抓销售部工作。

　　王经理上任后,一直在琢磨:怎样才能抓好销售部的工作呢？他认为销售部任务是否能完成全部都落在销售员身上,因此抓好销售员是个关键。王经理在他上任的第一次全体销售部员工大会上表示,他先要花一周时间作调查研究,在此期间一切仍按原来的程序工作。这一周内王经理做了三件事:一是查阅近 5 年的本公司销售统计资料,特别注意每个销售员每个月完成的销售量。他发现前几年销售员完成的量在 30~40 台/月,可这两年一直在 25~30 台/月之间。销售员的人数从原来的 6 个,增加到 8 个,现在是 10 个,但销售总量没有大的增加。二是他走访了本市和邻近地区的同类厂,了解它们的销售情况,特别是销售员的工作情况,了解下来大体上好的厂家销售员的销售量达 30~35 台/月,差的只有 10~20 台/月。三是制定一个销售员的奖金、浮动工资与完成销售量挂钩的方案。王经理发现,以往销售员的奖金与完成的销售量有些挂钩,但拉开的差距不大,浮动工资基本是平均分摊。王经理准备在这方面要有所突破。在第二次全体员工会议以后,王经理把 10 名销售员留下来继续开会,在会上他推出了一个奖金、浮动工资与完成销售量挂钩的试行方案。方案的要点有三:(1)每名销售员每月应完成的销售量定为 38 台。(2)完成这一指标得全奖,如完不成,则每完不成一台扣 20% 奖金,达不到 34 台,扣除全额奖金(值得一提的是,全额的奖金金额约为工资的 2/3)。(3)连续 3 个月完成指标,第 4 个月向上浮动一级工资,连续一年完成指标再向上浮动一级工资,如享受浮动工资后,没完成指标,第 2 个月起取消浮动工资,如连续半年完不成指标,则下浮一级工资,连续一年完不成,再下浮半级工资。在对试行方案作解释时,王经理说,方案是在调查研究的基础上制定出来的,试行方案首先需要大家转变观念,要体现按劳分配原则。同时他告诉销售员,他实施奖金向销售员倾斜的原则,销售员的奖金额为一般人员的 200%,但要拿到,则必须完成指标。同时他补充,完成销售量是以资金回笼到位为准。可想而知这方案一宣布,马上引起销售员的一片哗然。但王经理坚持实施这一方案,他口头上解释说:这是试行方案,可在实施中修改,但一定要试。心里却在想:就要采取强硬措施,好好管一管,要不大家怎么肯拼命干。

【问题】

　　王经理对人的看法属于哪种"人性假设"？王经理的方案是否能激励员工？为什么？你认为该如何改进？

【知识点链接】

　　道格拉斯·麦格雷戈从人性的角度,提出了两种完全不同,甚至可以说是截然相反认识的理论,即 X 理论与 Y 理论。X 理论,又称经济人假设,它是指以一种合乎理性的、精打细算的方式行事,人的行为是由经济因素推动和激发的。这种观点认为个人在组织中处于被动的、受控制的地位。这是对人性的一种早期的、传统的认识。Y理论,又称自我实现人假设,这种观点认为,人们是自我激励、自我指导和自我控制的,人们要求提高和发展自己,期望获取个人的成功。

X理论与Y理论的相同点有:①都是关于人性的理论;②管理者关于人性的观点是建立在一些人性的基础上的,管理者根据这些假设塑造激励下属的行为方式。X理论与Y理论的区别是:①X理论认为,一般人天性都好逸恶劳;Y理论认为,人们并不是天生就厌恶工作,他们把工作看成像休息和娱乐一样快乐、自然。②X理论认为,人都以自我为中心,对组织的需要采取消极的甚至是抵制的态度;Y理论认为,人们并非天生就对组织的要求采取消极或抵制的态度,而经常是采取合作的态度,接受组织的任务,并主动完成。③X理论认为,人们缺乏进取心,反对变革,不愿意承担责任;Y理论认为,人们在适当的情况下,不仅能够承担责任,而且会主动承担责任。④X理论认为,人们易于受骗和接受煽动;Y理论认为,大多数人都具有相当高的智力、想象力、创造力和正确做出决策的能力,而且没有充分发挥出来。麦格雷戈认为,Y理论的假设比X理论更实际有效,因此,他建议让员工参与决策,为员工提供富有挑战性和责任感的工作,建立良好的群体关系,认为这有助于调动员工的工作积极性。

【案例分析】

结合本案例,可以得出如下结论:

1.王经理对人的看法属于"人性假设"中的"X理论"。这是因为他口头上向销售人员解释说:"这是试行方案,可在实施中修改,但一定要试。"心里却在想:"就得采取强硬措施,好好管一管,要不大家怎么肯拼命干。"而X理论就是悲观的、静态的、僵化的,认为控制主要来自外部,也就是由上级强制下级工作。王经理的实际想法就是与"X理论"吻合的。

2.我认为王经理的方案能发挥一定的效果,但这种效果反映在销售、业绩上的成果将很不明显,而且这种激励手段将难以发挥长效。理由如下:不恰当的"人性假设"。因为王经理首先将销售员的行为模式建立为:较低层次的需要支配着个人的行为,即X理论。这在理论和实践方面都是不可行的,具体来说:在理论方面,麦格雷戈本人也认为,Y理论的假设相比于X理论更实际有效,因此他建议让员工参与决策,为员工提供富有挑战性和责任感的工作,建立良好的群体关系,这都会极大地调动员工的工作积极性;在实践方面,施行"X理论"虽然也有成功的例子(如军队),但在现实的管理实践中,绝大多数成功的企业在对人的假设方面都是承认人的自觉和才能,并且根据情况来调整他们的行为。因此,王经理头脑中基于对人的"X理论",必然错估或低估销售员对工作的态度和能力等,而基于此所做出的决策也必然是缺乏根基的。

此外,王经理在制定今后具体的销售计划时,虽然对本市和邻近地区的同类厂家进行了走访,同时了解了它们的销售情况,特别是销售员的工作情况,但是他仅凭个人的武断想法,就盲目地制定了销售最低定额,即每名销售员每月应完成的销售量定为38台,而实际上王经理调查了解下来的结果是:大体上好的厂家销售员的销售量达30~35台/月,差的只有10~20台/月。所以这不仅对于王经理所在企业的销售员来说定额较高(这两年销售员完成的量一直在 25～30 台/月之间），而且对于同类企业的较好厂家的销售员来说这样的销售量也偏高。这样的结果必然是王经理所在企业的销售员很少完成任务，不仅拿不到基本工资，还要受到惩罚。这容易引起销售员的不满乃至逆反心理，不利于稳定销售员的队伍和提高士气。

3.建议王经理从以下几个方面考虑来激励员工：

（1）改变对人性的基本假设。即将原来所认为的"人性假设"转变为"Y 理论"，并将基于新的"Y 理论"的假设运用于实际工作中，使销售员感到自己得到重视和信任，从而使他们更加热爱企业并为之效力。

（2）结合市场需求变化、产品生命周期、竞争对手动态、替代产品出现等方面系统地认识销售下降的原因，为制定正确的销售策略及指标打下良好的基础。对于自己本身不能解决或与其他部门配合的工作，及时上报企业领导来帮助协调处理。这样基于理性的市场预期等方面的销售策略才符合实际工作情况，可减少销售员工作压力，稳定销售员心理，有助于销售业绩的提高。

（3）建立合理的薪资计划和佣金计划。对于销售员来讲，由于其具体的职位特点，销售人员的报酬计划都极端依赖于销售佣金形式的奖金，这样销售人员可以得到更多的奖金。由于报酬明确地同绩效挂钩，因此它可以吸引高绩效的销售人员；由于销售成本同销售额成比例（而不是固定不变），因此可以减少公司的销售投资；佣金基准量也易于理解和计量。

案例 9-6　王新的职业规划之路

王新刚参加工作时，单位领导亲自督促后勤部门安排王新住进崭新的单身公寓，并配备了空调、冰箱等。单位给予王新的薪酬也是同等知识水平的人所羡慕的：每周工作 35 小时，如果有时需要加班，额外时间将得到双倍工资，并报销饭费及出租车费用；第一年有一周的带薪假期，以后以每年增加 2 天的时间递增。公司每年至少安排一次员工培训，以提高员工素质；工作期满 3 年后，如果个人买车，公司将提供购车款的 50％补贴，并报销 30％的汽油费。在第一年的时间里，王新虚心向老同事学习，工作能力有了质的提高，多次受到领导的表扬，并在年终领取奖金时得到 5000 元的额外补贴。王新自己感觉也很满意，觉得自己的事业计划正在逐步实现。

在接下来的一年里，尽管王新的工作做得非常出色，领导也多次表示可以给予他更大的发展空间，可就是没有得到提升。王新渐渐感觉到工作中的收获与原来设想的有了一定程度的偏差，自己的价值没有得到充分的实现。于是工作中投入的精力在不自觉中不断地减少。在一次偶然的单位聚会时，王新从单位一位老员工口中得知：由于公司的一些特殊性，即使你工作得再出色，目前都不会给你更大的发展空间，单位的提升制度目前不会根据你的工作能力来决定是否提升你。老同事的话让王新重新考虑了自己的人生计划和自己的抱负。王新在经过考虑之后，向领导提出能否让他承担一些更重要的工作。领导以他工作时间不长,还需继续锻炼为由,拒绝了王新的请求。王新在此后的工作中,不断地将现实情况和自己的人生计划相比较,经过深思熟虑之后递交了辞呈。在公司领导极力挽留并表示可以改善相应的福利制度的情况下王新毅然离开了工作岗位。

【问题】

运用激励相关理论分析王新为什么递交辞呈。

【知识点链接】

自我实现人是美国管理学家、心理学家马斯洛提出的。所谓的自我实现指的是,"人都需要发挥自己的潜力,表现自己的才能,只有人的潜力充分发挥出来,人的才能表现出来,人才会表现出最大的满足"。这就是说,人们除了上述的社会需求之外,还要一种想充分运用自己的各种能力,发挥自身潜力的欲望。

马斯洛认为:人类需要的最高层次就是自我实现,每个人都必须成为自己所希望的那种人,"能力要求被运用,只有潜力发挥出来,才会停止争吵"。这种自我实现的需要就是"人希望越变越完美的欲望,人要实现他所能实现的一切欲望"。具有这种强烈的自我实现需要的人,就叫"自我实现人",或者说最理想的人就是"自我实现人"。

超 Y 理论:人怀着各种不同的需要和动机加入工作组织,但最主要的需要乃是实现胜任感;胜任感人人都有,它可能被不同的人用不同的方法去满足;当工作性质和组织形态适当配合时,胜任感能被满足;目标达到时候胜任感可以继续被激励起来,目标已达到,新的更高的目标就又产生。

【案例解析】

刚到单位时,单位给予王新的薪酬也是同等知识水平的人所羡慕的。首先说明王新参加工作的需要和动机是满足基本的需要。在第一年的时间里,王新向老同事学习,工作能力有了提高,受到领导的表扬,并在年终得到 5000 元的额外补贴。他自己感觉也很满意,觉得自己的事业计划正在逐步实现。也就是逐步实现胜任感。在接下来的一年里,其工作做得非常出色,领导也表示可以给予他更大的发展空间,可就是没有得到提升。论证了超 Y 理论,即对 X 理论和 Y 理论进行实验分析比较后,提出的既结合 X 理论和 Y 理论,又不同于 X 理论和 Y 理论的主张权宜应变的经营管理理论。实质上是要求将工作、组织、个人、环境等因素作最佳的配合。案例中王新在满足了在单位立足认可的目标后,他的新的更高的目标又产生出来,由于没有继续被满足,也就是给予更大的发展空间,在深思熟虑后其决定辞职。其工作经历说明了人的需要是多种多样的,会随着个人的发展和生活条件的变化而发生变化。由于工作单位没有给他更大的发展空间,因而其决定辞职。

案例 9-7　林肯电气公司的按件计酬与职业保障

林肯电气公司年销售额为 44 亿美元,拥有 2400 名员工,形成了一套独特的激励员工的方法。该公司 90% 的销售额来自生产弧焊设备和辅助材料。林肯电气公司的生产工人按件计酬,他们没有最低小时工资,员工为公司工作两年后,便可以分享年终奖金。在过去的 56 年中,平均奖金额是基本工资的 95.5%。近几年经济发展迅速,员工年均收入为 44000 美元左右,远远超出制造业员工年收入 17000 美元的平均水平。公司自 1958 年开始一直推行职业保障政策,从那时起,他们没有辞退过一名员工。当然,作为对此政策的回报,员工也相应要做到几点:在经济萧条时他们必须接受减少工作时间的决定;而且要接受工作调换的决定;有时甚至为了维持每周 30 小时的最低工作量,而不得不调整到一个报酬更低的岗位上。林肯公司极具成本和生产率意识,如果工人生产出一个不合标准的部件,那么除非这个部件修改至符合标准,否则这件产品就不能计入该工人的工资中。严格的计件工资制度和高度竞争性的绩效评估系统,形成了一种很有压力的氛围,有些工人还因此产生了一定的焦虑感,但这种压力有利于生产率的提高。据该公司的一位管理者估计,与竞争对手相比,林肯公司的总体生产率是他们的两倍。该公司还是美国工业界中工人流动率最低的公司之一。前不久,该公司的两个分厂被《财富》杂志评为全美十佳管理企业。

【问题】

试分析激励理论在林肯电气公司实践中的应用及作用。

【知识点链接】

公平理论认为,人能否受到激励,不但受到他们得到了什么而定,还要受到他们所得与别人所得是否公平而定。当人们感到不公平时,在心里会产生苦恼,呈现紧张不安,导致行为动机下降,工作效率下降,甚至出现逆反行为。

期望理论认为人的行为过程实际上是一种决策过程。人们在做出某一行为之前,总要对行为可能产生的结果、行为的结果给个人会带来何种报酬、这种报酬对个人的吸引力等问题进行估计,人们对行为的结果将会带来的满足寄予期望,这种期望是激发人们采取行动的动机。

目标设置理论的观点主要有:明确的、具体的目标能提高员工的工作绩效;目标越具有挑战性,绩效水平越高;绩效反馈能带来更高的绩效;参与设置自己的目标可以提高目标接受性。

保健因素是指这样一类因素,当不具备时会引起人们的不满,当具备时不会产生很大的激励作用。它通常来自工作以外(工作环境)。激励因素是指这样一类因素:当不具备时不会引起不满,当具备时会产生很大的激励作用。它通常来自工作本身(工作内容)。管理者只有从激励因素入手才能调动员工的积极性。

【案例分析】

1.在本案例中,林肯电气公司在激励员工工作积极方面主要运用了以下几种激励理论:

(1)公平理论。表现在生产工人工资采取按件计酬,同时公司的奖金制度有一整套计算公式,全面考虑了公司的毛利润及员工的生产率与业绩,这种做法一方面将所得与所付出充分联系起来,意味着大家报酬的取得和多少完全看个人的生产量,而与所占据的职位无关;另一方面也体现出产量与质量进行挂钩,确保高产量同时实现高质量,否则员工的奖金会受到影响,无疑这也是一种公平。

（2）期望理论。大多数员工进入公司后都期望有满意的工作报酬、丰厚的奖金和较好的职业保障。毫无疑问，林肯电气公司提供给员工的正是员工所期望的那些东西，它们是那么的富有吸引力，而且员工加以努力都能实实在在地得到。公司1958年起从未辞退过一名员工，即使是经济萧条时期，公司员工平均年收入一直远高于社会平均水平，这些都是期望理论具体运用的真实写照。

（3）目标设定理论。从员工来讲，按件计酬给员工自身确定目标带来了便利，它不是大锅饭，限制个人能动性和积极性发挥。从公司来讲，公司给员工明确的目标是分享年终奖金和稳定的职业保障，当然这也要求员工连续工作两年以上并以不离开公司为前提。

（4）激励保健理论。其中保健理论用来消除员工的不满意因素。经济萧条与不景气一般意味公司要裁员减人，而林肯电气公司的管理者们都不因此辞退任何员工，这种方式自然使员工具有职业安全感、社会归属感，从而更激励他们加倍努力工作。

2.激励理论在此案例中起到的作用：

（1）积极方面来说，从理论上讲，当被公司用来激励员工的方式行之有效或目标、结果对于员工极具吸引力，且员工付出适度的劳动能够达成一定的目标、取得相应的效果时，那么激励就是成功的、有效的。

实际上，员工也都是些普通大众，更多的注意力放在自己的所得与所付出是否相称，同身边人比是否公平，而无论是公司设定的分享年终奖金或高职业保障政策，还是取消最低小时工资的按件计酬制，对大多数员工都称得上公平，且大家付出一定的努力都能达到、实现。所以，长期以来，林肯电气公司能有效地激励员工工作。

（2）消极方面来说，任何事物都是相对的，当其有利的一面充分展现的时候，它的弊端也就逐渐呈现出来。林肯电气公司的激励系统以生产率和成本意识为核心，长期以来十分有效地发挥着作用，促进公司产品数量、质量均稳定增长、提高，但严格的计件工资制度和高度竞争的绩效评估系统，形成了很有压力的氛围，有些工人还因此产生了一定的焦虑感，也给管理层带来了一些问题。

总而言之，激励对一个组织的生存和发展有着非常重要的作用，而激励机制的建立和完善对现代企业的发展更为重要。现代企业要想在激烈的竞争中立于不败之地并保持着对人才恒久的吸引力，一个有效可行的激励机制的建立显得格外关键。

案例9-8　"好伯乐"为何留不住"千里马"

助理工程师黄大佑，一个名牌大学高才生，毕业后工作已8年，于4年前应聘调到一家大厂工程部负责技术工作，工作认真负责，技术能力强，很快就成为厂里有口皆碑的"四大金刚"之一，名字仅排在厂技术部主管陈工之后。然而，工资却同仓管人员不相上下，夫妻小孩三口尚住在来时住的那间平房。对此，他心中时常有些不平。

罗厂长，一个有名的识才的老厂长，"人能尽其才，物能尽其用，货能畅其流"的孙中山先生名言，在各种公开场合不知被他引述了多少遍，实际上他也是这样做了。4年前，黄大佑调来报到时,门口用红纸写的"热烈欢迎黄大佑工程师到我厂工作"几个不凡的颜体大字,是罗厂长亲自吩咐人秘部主任落实的,并且交代要把"助理工程师"的"助理"两字去掉。这确实使黄大佑当时工作更卖劲。

两年前,厂里有指标申报工程师,黄大佑属于有条件申报之列,但名额让给一个没有文凭、工作平平的同志。他想问一下厂长,谁知,他未去找厂长,厂长却先来找他了:"黄工,你年轻,机会有的是。"去年,他想反映一下工资问题,这问题确实重要,来这里其中一个目的不就是想获得高一点工资,提高一下生活待遇吗?但是几次想开口,都没有勇气讲出来。因为厂长不仅在生产会上大夸他的成绩,而且,曾记得,有几次外地人来取经,罗厂长当着客人的面赞扬他:"黄工是我们厂的技术骨干,是一个有创新能力的……"哪怕厂长再忙,路上相见时,总会拍拍黄工的肩膀说两句,诸如"黄工,干得不错","黄工,你很有前途"。这的确让黄大佑兴奋,"罗厂长确实是一个伯乐"。此言不假,前段时间,他还把一项开发新产品的重任交给他呢,大胆起用年轻人,然而……

最近,厂里新建好了一批职工宿舍,听说数量比较多,黄大佑决心要反映一下住房问题,谁知这次罗厂长又先找他,还是像以前一样,笑着拍拍他的肩膀:"黄工,厂里有意培养你入党,我当你的介绍人。"他又不好开口了,结果家没有搬成。

深夜,黄大佑对着一张报纸的招聘栏出神。第二天一早,黄厂长办公台面上放着一张小纸条,写着:"罗厂长:您是一个懂得使用人才的好领导,我十分敬佩您,但我决定走了。"

【问题】

1.在本案例中,根据马斯洛需求理论,住房、评职称、提高工资和入党对于黄工来说分别属于什么需要?

2.根据公平理论,黄工的工资和仓管员不相上下,是否合理?为什么?如果你是罗厂长,你将根据什么激励理论,采取什么激励措施来留住黄工?

【知识点链接】

马斯洛需求层次理论:马斯洛把人的需求分为五种,分别是生理需求、安全需求、社会需求、尊重需求和自我实现需求,依次是由较低层次到较高层次。过程型激励理论中公平理论:公平是激励的动力。

【案例分析】

1.马斯洛认为只有当低级需要满足以后才会有更高层次的需要。主导需要决定了人的行为。住房,是安全需要,评职称是社交的需要,提高工资是生理与安全的需要,入党是尊重与自我实现的需要。

2.根据公平理论,黄工的工资与仓管员不相上下,不合理。因为黄工的技术级别与实际的工作能力比仓管员的级别高很多,同工同酬,按劳分配,黄工为公司做出的贡献远高于一般的仓管,应得到合理的待遇。

3.首先我会考虑黄工的根本需要是"夫妻小孩三口尚住在来时住的那间平房",生理与安全的基本需要未得到解决。人只有在满足了基本需要后才更多关注上层需要;按其能力及为公司做出的成绩与现时仓管级别的工资不相符,理论上为其涨工资是必须的,先物质后精神,不能光唱高调。一个阶段只有一种需求是处于主导地位,黄工需要解决生活问题。可以把他的工资改为绩效工资,把这种绩效工资变成对黄工的激励因素,这样对提起黄工的工作积极性是很有效的。

案例 9-9　联想集团的培训三件事

联想集团前董事局主席柳传志出席"2002 年美国管理学年会"时,谈到联想集团的管理情况,指出联想集团学会了做"三件事"。

第一件事是学会了制定战略。通过向西方企业的学习,学会了一套制定战略的方法,而且知道怎样把它们分解为一个个的具体步骤推进下去。

第二件事就是学会带队伍。在中国有句古话叫作"知易行难",能制定战略为什么做不到呢? 主要的原因是"带队伍"没做好。怎样让你的兵爱打仗;怎样让你的兵会打仗;怎样让你的兵组织有序,也就是有最好的队形,作战最有效率,是带好队伍的三个要点。

联想集团对员工,尤其是对骨干员工有很好的激励方式。联想集团花了 8 年时间实现了股份制改造,成立了员工持股会,使得创业者和骨干员工有了 35% 的股份。虽然这在美国是件再普通不过的事情了,然而在中国是件非常了不起的事。这对联想集团创业者和公司的骨干员工有极大的激励作用。在我国,股份制改造对创业者、骨干员工是最重要的物质激励。而精神激励是多方面的。联想集团为有能力的骨干员工提供舞台,给他们充分表演的机会,保证他们在工作时责、权、利的一致。他们明白自己所管辖的这部分工作和全局的工作是什么关系,他们的责任是什么,他们有什么权利。联想的很多方法都是在第一线工作的人提出的建议,立刻被采纳。而一些跨国公司在中国办的企业,它们的一些规定、条文都是在总部制定好的,在中国的分公司要照章执行,当本地工作人员发现不合乎实际情况时要一层层地上报,直到国外的总部批准。这不但效率降低了很多,而且员工的积极性受到很大的打击。联想集团要求各层的骨干员工能成为发动机,而不是齿轮。CEO 是一个大发动机,各部门的经理是同步的小发动机。他们不是被动地运转,而是充分地发挥聪明才智。

第三件事是建班子。建班子的核心理念就是要让联想的最高层领导人建立起事业心。也就是把联想的事业真正当作他自己的事业。通过规则和文化,使高层领导人能团结、有效地工作。

【问题】

1.运用有关激励理论来具体分析联想集团采取的激励措施。

2.从案例材料来看,联想集团领导班子的权力来源有哪些?

【知识点链接】

激励是对人的行为趋向加以控制,实际上是一个针对所激励对象的需要,采取外部诱因对其进行刺激并使被激励对象按激励实施者要求自觉行动的心理过程。根据马斯洛需求理论了解每个层次的需求,在进行激励的过程中按照生理需求、安全需求、社交需求、尊重需求、自我实现需求的从低到高的阶梯顺序依次激励,较低层次的需求是较高层次需求的基础,管理者依次进行需求激励,否则达不到预期的激励效果。

【案例分析】

1.运用有关激励理论来具体分析联想集团采取的激励措施。

根据马斯洛需要层次理论,联想集团采取了多种不同层次的激励手段,既包括物质激励,即提供了生理安全所必需的物质条件,通过股份制改革,提高了员工的持股比例;也包括精神激励,如为有能力的骨干员工提供舞台,给他们充分表演的机会,保证他们在工作时责、权、利的一致。这是联想集团对于骨干员工工作能力和态度的一种肯定,从层次论观点看这属于对自我尊重需求的满足。联想集团将 CEO 比喻成为一个大发动机,各部门的经理是同步的小发动机,鼓励他们充分发挥聪明才智,满足自我实现的需求。

2.从案例材料来看,联想集团领导班子的权力来源有哪些?

从材料分析联想集团领导班子的权力来源大概有以下三种:(1)法定型权力。由于处在不同的高、中、低管理层,领导者就具备了相应的职位赋予的权力。联想集团对各个层级的管理者都进行了相应的授权,提供给他们舞台,鼓励他们发挥自己的聪明才智和主动性。(2)奖赏性权力。联想集团通过采取不同的激励措施,比如:授权、员工持股等来鼓励员工更好地为企业服务。(3)专家性权力。联想集团的一线员工可以直接提出他们的改进意见,并且这种意见如果是正确的,就可以立即被采纳,联想集团充分尊重员工的专业才能。

第 10 章　领导

案例 10-1　华为的领导风格

现任华为消费者 BG、华为终端公司董事长的余承东做事张扬,他坚持"路径—高调销售"模式,不符合过去华为低调做生意的风格,其在 2012 年发生的飞马营销事件,表明其重金打造的 Ascend D1、P1、Mate1 等精品手机遭到市场淘汰,即便如此余承东还毫不吝啬词汇,赞美华为的产品,经常在媒体面前与别的公司产品对比(如小米,说其无法长久发展),逐渐引来了一些华为老员工的质疑和不满。但一直秉承"用人不疑"原则的华为创始人任正非,每次都是坚定地支持余承东,也知道新业务必须用新办法。任正非对余承东只有一个战略要求,任正非说:"我让你做手机,不是赚吆喝,是让你赚钱。你们要考虑,到底怎么赚钱。"然后任正非给予余承东充分的信任和支持,帮助余承东发挥潜能,实现个人目标和公司目标。终于在 2015 年余承东完成了自己做出的承诺,使华为手机年销量超过亿台。

【问题】

结合领导相关理论,分析华为在目标实现过程中主要采用何种类型的领导方式。

【知识点链接】

路径—目标理论是权变理论的一种,由多伦多大学的组织行为学教授罗伯特·豪斯(Robert House)最先提出。他认为领导方式是有弹性的,不同的领导方式可能会出现在同一个领导者身上,并总结了 4 种领导行为方式:(1)指导型领导(directive leadership)。领导者对下属需要完成的任务进行说明,指明方向,给下属提供应该得到的指导和帮助,使下属能够按照工作程序完成自己的任务,实现自己的目标。(2)支持型领导(supportive leadership)。领导者与下属友好相处,关系融洽,平易近人,平等待人,关心下属的生活福利。(3)参与型领导(participative leadership)。领导者邀请下属一起参与决策,同下属一道进行工作探讨,征求他们的想法和意见,将他们的建议融入团体或组织将要执行的那些决策中去。(4)成就导向型领导(achievement-oriented leadership)。领导者鼓励下属将工作做到尽量高的水平,为下属制定的工作标准很高,寻求工作的不断改进,还非常信任下属有能力制定并完成具有挑战性的目标。

【案例分析】

华为在目标实现过程中,主要采用以成就导向型的领导行为方式。成就导向型的领导行为主要有两个方面:高要求和信任。首先确认下属有能力完成相应任务,之后给予必需的信任和支持。余承东、张扬的领导风格比较能够适应新形势下互联网营销的发展,虽然与集团的整体风格略有出入,但是为了达成既定目标,任正非给予其充分的肯定和信任,改善了环境的权变因素,任命余承东为消费者业务 CEO,使得其有条件发挥出自己的优势。

案例 10-2　保利公司的总经理

保利公司是一家中美合资的专业汽车生产制造企业,总投资 600 万美元,其中固定资产 350 万美元,中方占有 53% 的股份,美方占有 47% 的股份,主要生产针对工薪家庭的轻便、实用的汽车,在中国有广阔的潜在市场。

谁出任公司的总经理呢? 外方认为,保利公司的先进技术、设备均来自美国,要使公司发展壮大,必须由美国人来管理。中方也认为,由美国人来管理,可以学习借鉴国外企业的管理方法和经验,有利于消化吸收引进技术和提高工作效率。因此,董事会形成决议:聘请美国山姆先生任总经理。山姆先生有 20 年管理汽车生产企业的经验,对振兴公司胸有成竹。谁知事与愿违,公司开业一年不但没有赚到一分钱,反而亏损 80 多万元。山姆先生被公司辞退了。

这位曾经在日本、德国、美国等地成功地管理过汽车生产企业的经理何以在中国失败呢? 多数人认为,山姆先生是个好人,在技术管理方面是个内行,为公司吸收和消化先进技术做了很多工作。他对搞好保利公司怀有良好的愿望,"要让保利公司变成一个纯美国式的企业"。他工作认真负责,反对别人干预他的管理工作,并完全按照美国的模式设置了公司的组织结构,建立了一整套规章制度。在管理体制上,山姆先生实行分层管理制度:总经理只管两个副总经理,下面再一层管一层。但这套制度的执行结果造成了管理混乱,人心涣散,员工普遍缺乏主动性,工作效率大大降低。山姆先生强调"我是总经理,你们要听我的"。他甚至要求,工作进入正轨后,除副总经理外的其他员工不得进入总经理的办公室。他不知道,中国企业负责人在职工面前总是强调和大家一样,以求得职工的认同。最终,山姆先生在公司陷入非常被动、孤立的局面。

山姆先生走后,保利公司选派了一位懂经营管理、富有开拓精神的中方年轻副厂长担任总经理,并随之组建了平均年龄只有 33 岁的领导班子。新班子根据实际情况和组织文化,迅速制定了新的规章制度,调整了机构,调动了全体员工的积极性。在销售方面,采取了多种促销手段。半年后,保利公司宣告扭亏为盈。

【问题】

试运用管理的有关原理分析保利公司总经理成败的原因。

【知识点链接】

20 世纪 70 年代,美国的卢桑斯教授通过环境变量与管理变量之间的函数关系系统概括了权变管理理论。他认为:管理变量＝f(环境变量)。权变管理理论的核心思想是:不存在一成不变的、放之四海而皆准的适用于一切组织的最好管理方法,在管理中要根据所处的内外环境的变化而随机应变,针对不同情况寻找不同的解决方案和方法。

【案例分析】

在本案例中,山姆作为公司的总经理经营失败的主要原因是:

第一,不了解中国的实际情况,尤其忽视了中国文化的影响,完全照搬过去惯用的企业管理模式;完全按照美国的模式设置公司的组织结构和整套规章制度,没有根据中国环境的变化调整公司的经营管理政策。

第二,作为公司的总经理,强调个人权威和科层管理,缺少和下属与员工的必要沟通。

中方总经理的成功在于:

第一,中方总经理了解中国的组织文化,根据中国的实际情况来制定适合公司的规章制度,调动了员工的积极性。

第二,公司建立了一支年轻的具有开拓创新精神的领导班子,能够根据内外部环境的变化来寻求适合组织的管理方案和方法。

案例 10-3　丰田企业的领导力

日本丰田公司不仅仅作为一家汽车公司闻名于世,更因为它是精益生产的起源地、全球制造业心目中的"世界级工厂"而备受推崇,丰田管理模式也成为世界各国众多企业学习的标杆。

企业理念是所有其他原则的基石。丰田认为,企业应该有一个优先于任何短期决策的目的理念,使整个企业的运作与发展能配合着朝向这个比赚钱更重要的共同目的。丰田通过与国外各开发中心建立紧密的协作关系,真诚地倾听各国及不同地区的顾客的要求与期望,运用具有丰田传统的"新产品开发流程"和丰田生产方式,不断推出博得世界各国厚爱和信赖的高质量汽车,满足顾客的要求。排除任何材料、人力、时间、能量、空间、程序、搬运或其他资源的浪费,排除生产现场的各种不正常与不必要的工作,这是丰田生产方式最基本的概念。

丰田认为,正确的流程方能产生优异的成果,唯有流程稳定且标准化,方能谈持续改进。因此,他们不断改进工作流程,使其变成创作高附加值的无间断流程,尽力把所有工作计划中闲置或等候他人工作的时间减少到零。根据顾客实际领取的数量,经常补充存货,按顾客的需求每天变化,而不是依靠计算机的时间表与系统来追踪浪费的存货。使在制品及仓库存货减至最少,每项产品只维持少量存货。

丰田所谓的生产均衡化指的是"取量均值性",假如后工程生产作业取量变化大,则前作业工程必须准备最高量,因而产生高库存的浪费。所以,丰田要求各生产工程取量尽可能达到平均值,也就是前后一致,为的是使需求与供应达成平衡,降低库存与生产浪费。即时生产就是在生产流程下游的顾客需求的时候供应给他们正确数量的正确东西。材料的补充应该由消费量决定,这是即时生产的基本原则,也是丰田独创的生产管理概念。这里的自动化不仅是指机器系统的高品质,还包括人的自动化,也就是养成好的工作习惯,不断学习创新,争取在第一次生产流程中就达到优良品质;这是企业的责任。通过生产现场教育训练的不断改进与激励,让人员的素质越来越高,反应越来越快、越来越精确。

丰田对生产每个活动、内容、顺序、时间控制和结果等所有工作细节都制定了严格的规范,例如,要装一个轮胎、引擎需要几分几秒钟。但这并不是说标准是一成不变的,只要工作人员发现更好更有效率的方法,就可以变更标准作业,目的在于提高生产效率。丰田模式改变了传统的由前端经营者主导生产数量的做法,重视后端顾客需求,后面的工程人员通过看板告诉前一项工程人员需求,比如零件需要多少,何时补货,亦即"逆向"去控制生产数量的供应链模式,这种方式不仅能降低库存成本(达到零库存),更重要的是将流程效率化。

丰田不把领导者的职责视为只是完成工作和具备良好的人际关系技巧。他们认为,领导者必须是公司理念与做事方法的模范,把彻底了解且拥护公司理念的员工培养成为领导者,使他们能教导其他员工。宁愿从企业内部栽培领导者,也不要从企业外聘用。训练杰出的个人与团队以实现公司理念,获得杰出成果。运用跨部门团队以提高品质与生产效率,解决困难的技术性问题,以改进流程。在丰田公司,所谓尊重人格无非就是把它放在排除无效的作业、把人的能量与有意义的有效作业结合起来的位置上,同时又能激发员工的热情、干劲和智慧,提高工作效率。

在不断改善流程后,丰田发现生产量不变,生产空间却可精简许多,而这些剩余的空间,反而可以做灵活运用;人员也是一样,例如,一个生产线原来 6 个人在组装,抽掉 1 个人,空间空出来,而工作由 6 个人变成 5 个人,原来那个人的工作被其他 5 人取代。这样灵活的工作体系,丰田称之为"活人、活空间",即鼓励员工都成为"多能工"以创造最高价值。

丰田非常重视它的事业伙伴与供货商,把它们视为自己事业的延伸,并激励它们,对它们制定具有挑战性的目标,并帮助它们实现这些目标,要求它们成长与发展。现地现物的意思就是亲临现场查看以彻底了解情况。丰田认为,解决问题与改进流程必须追溯源头、亲自观察,然后验证所得数据,而不是根据他人所言及计算机屏幕所显示的东西来理论化。

"根回"是丰田模式的一个重要流程,此流程多半被用以描述资浅人员如何通过拟出提案,广泛传阅,以争取管理者的赞同来建立共识。在根回过程中,许多人提出他们的意见与建议,因而最容易形成共识。这是丰田公司特有的一种流程。

通过不断省思与持续改进以变成一个学习型组织。使用"反省"作为重要的里程碑,在完成某计划后,诚实地找出此计划的所有缺点,然后再制定避免相同错误再次发生的对策。

【问题】

试运用领导相关理论分析丰田企业家领导力的成功之处。

【知识点链接】

领导力(leadership)指在管辖的范围内充分地利用人力和客观条件,以最小的成本办成所需的事,提高整个团体的办事效率的能力。领导力与组织发展密不可分,因此常常将领导力和组织发展放在一起。领导力模型具体包括以下六种能力:学习力,构成的是领导人超速的成长能力;决策力,是领导人高瞻远瞩的能力的表现;组织力,即领导人选贤任能的能力的表现;教导力,是领导人带队育人的能力;执行力,表现为领导人的超常的绩效;感召力,更多地表现为领导人的人心所向的能力。

【案例分析】

从本案例中可以看出,领导力对于领导者的作用是至关重要的,一个良好的组织体系必然需要一个优秀的团队进行管理,而领导力则成为团队管理的一个核心要素。团队领导力核心在经历形成期、加强期、成熟期后,才能够达到领导团队和管理团队的效果。建立一个具有高领导力的团队,树立团队的价值观和完善团队管理制度是领导力与团队管理的核心问题。拥有领导力的领导者才有可能带领自己的团队走向成功。

1.从"他们不断改进工作流程,使其变成创作高附加值的无间断流程"可以看出丰田领导者的学习力,不断地从实践中找出经验,从而不断地学习进步,构成快速成长能力。

2.从"宁愿从企业内部栽培领导者,也不要从企业外聘用。训练杰出的个人与团队以实现公司理念,获得杰出成果""丰田公司,所谓尊重人格无非就是把它放在排除无效的作业、把人的能量与有意义的有效作业结合起来的位置上,同时又能激发员工的热情、干劲和智慧,提高工作效率""鼓励员工都成为'多能工'以创造最高价值"可以得出丰田领导者的组织力、教导力,他们从企业中选拔人才进行培训,采取激励制,可以激发员工的热情和智慧,从而提高工作效率。

3.从"丰田通过与国外各开发中心建立紧密的协作关系,真诚地倾听各国及不同地区的顾客的要求与期望"以及"丰田队生产每个活动、内容、顺序、时间控制和结果等所有工作细节都制定了严格的规范"我们可以知道,该企业领导者拥有很好的执行力,对工作的每个细节都制定了严格的规定,从而大大地提高了生产效率。

综合来看,丰田领导者重视自己的事业伙伴和供货商,努力实现共赢的局面,对于公司的工作和人员的资源配置有很好的决策力,充分地利用人力和客观条件以最小的成本,既做好工作,也提高整个团队的办事效率。

案例 10-4　贾厂长的领导模式

贾炳灿同志是 1984 年调任上海液压件三厂厂长的。他原是上海高压油泵厂厂长,治厂有方,使该厂连获"行业排头兵"与"优秀企业"称号,已是颇有名望的管理干部了。这次是他主动向局里请求,调到这问题较多的液压件三厂来的。局里对他能迅速改变这厂的落后面貌寄予厚望。

贾厂长到任不久,就发现原有厂纪厂规中确有不少不尽合理之处,需要改革。但他觉得先要找到一个能引起震动的突破口,并能改得公平合理,令人信服。

他终于选中了一条。原来厂里规定,本厂干部和职工,凡上班迟到者一律扣当月奖金1元。他觉得这规定貌似公平,其实不然。因为干部们发现自己可能来不及了,便先去局里或公司兜一圈再来厂,有个堂而皇之的因公晚来借口,免于受罚,工人则无借口可依。厂里400来人,近半数是女工,有些是孩子妈妈,家务事多,早上还要送孩子上学或入园,有的甚至得抱孩子来厂入托。本厂未建家属宿舍,职工散住全市各地,远的途中要换乘一两趟车;还有人住在浦东,要摆渡上班。碰上塞车、停渡,尤其雨、雪、大雾,尽管提前很早出门,仍难免迟到。他们想迁来工厂附近,却无处可迁;要调往住处附近工厂,但很难成功,女工更难办。这些原因导致迟到不能责怪工人。贾厂长认为应当从取消这条厂规下手改革。

有的干部提醒他:"莫轻举妄动,此禁一开,纪律松弛,不可收拾;又说别的厂还设有考勤钟,迟到一次扣10元,而且是累进式罚款,第二次罚20元,第三次罚30元。我厂才扣1元,算个啥?"

但贾厂长斟酌再三,这条一定得改,因为1元钱虽少,工人觉得不公、不服,气不顺,就影响到工作积极性。于是在3月末召开的全厂职工会上,他正式宣布,从4月1日起,工人迟到不再扣奖金,并说明了理由。这项政策的确引起了全厂的轰动,职工们报以热烈的掌声。不过贾厂长又补充道:"迟到不扣奖金,是因为常有客观原因。但早退则不可原谅,因为责在自己,理应重罚;所以凡未到点而提前洗手、洗澡、吃饭者,要扣半年奖金!"这有时等于几个月的工资啊。贾厂长觉得这条补充规定跟前面取消原规定同样公平合理,但工人们反应冷淡。

新厂规颁布不久,发现有7名女工提前2分钟至3分钟不等去洗澡。人事科请示怎么办,贾厂长断然说道:"照厂规扣她们半年奖金,这样才能令行禁止嘛。"于是处分的告示贴了出来。次日中午,贾厂长偶过厂门,遇上了受罚女工之一的小郭,问她道:"罚了你,服气不?"小郭不理而疾走,老贾追上几步,又问。小郭悻悻然扭头道:"有什么服不服?还不是你厂长说了算!"她一边离去一边喃喃地说:"你厂长大人可曾上女澡堂去看过那像啥样子?"贾厂长默然。他想:"我是男的,怎么会去过女澡堂?"但当天下午趁澡堂还没开放,他带总务科长老陈和工会主席老梁一块去看了一下女澡堂。原来这澡堂低矮狭小,破旧阴暗,一共才设有12个淋浴喷头,其中还有3个不太好使。贾厂长想,全厂194名女工,分两班也每班有近百人,淋一次浴要排多久队?下了小夜班洗完澡,到家该几点了?明早还有家务活要干呢。她们对早退受重罚不服,是有道理的。看来这条厂规制定时,对这些情况欠调查了解了,下一步怎么办?处分布告已经公布了,难道又收回不成?厂长新到任订的厂规,马上又取消或更改,不就等于厂长公开认错,以后还有啥威信?私下悄悄撤销对她们的处分,以后这一条厂规就此不了了之,行不?贾厂长皱起了眉头。

【问题】

试分析该案例中贾厂长的领导行为属于管理学中利克特领导理论中的何种类型。

【知识点链接】

美国心理学家、行为科学家利克特从 20 世纪 40 年代开始了对领导问题的研究，通过大量的面向企业、医院及政府各种组织机构的调查，于 1961 年提出了"工作中心"与"员工中心"理论，即把领导者分为两种基本类型："以工作为中心"的领导与"以员工为中心"的领导，又称利克特的四种领导方式理论。

专制的独裁型：领导者发布指示，决策中有下属参与，习惯于由上而下地传达信息，把决策权局限于最高层。主要用恐吓和处分，也偶尔用奖励去激励下属。

仁慈的专制型：允许一些自下而上传递的信息。向下属征求一些想法与意见并允许把某些决策权授予下属，但加以严格的政策控制，且已作出的决策不会因此而受到动摇。主要用奖励兼处罚的方法去鼓励下属。

民主协商型：领导者在作决策时征求、接受和采用下属的建议，通常试图去酌情利用下属的想法和意见。运用奖励并偶尔使用处罚的办法和让员工参与管理的办法来激励下属，既使下情上达，又使上情下达。

民主参与型：领导者向下属提出挑战性目标并对他们能够达到目标表示出信心。在诸如制定目标与评价目标所取得的进展方面，让群众参与其中并给予物质奖赏，既使下属之间的信息畅通，又使同级人员之间的信息畅通。

【案例分析】

1.案例中从"他觉得这规定貌似公平，其实不然"和"厂里 400 来人，近半数是女工，有些是孩子妈妈，家务事多，早上还要送孩子上学或入园，有的甚至得抱孩子来厂入托。本厂未建家属宿舍，职工散住全市各地，远的途中要换乘一两趟车；还有人住在浦东，要摆渡上班。碰上塞车、停渡，尤其雨、雪、大雾，尽管提前很早出门，仍难免迟到。他们想迁来工厂附近，却无处可迁；要调往住处附近工厂，却很难成功，女工更难办。这些原因导致迟到不能责怪工人"，可以看出贾厂长体恤民情，了解为什么员工会迟到的问题后，取消了迟到罚款的条令，改革不合理的厂纪厂规有助于调动职工的积极性，贾厂长取消了迟到罚款的规定受到了工人的好评。这说明在这个问题上贾厂长尊重职工，关心他们的疾苦，在管理中考虑到了人的因素，其人性观有"社会人"假设倾向。这是仁慈的。

2.但案例中从"不过贾厂长又补充道：'迟到不扣奖金，是因为常有客观原因。但早退则不可原谅，因为责在自己，理应重罚；所以凡未到点而提前洗手、洗澡、吃饭者，要扣半年奖金！'"，可以看出在制定新的规章制度时，由于没有很好地调查研究，没有了解工人为什么会出现早退的现象，就做出了早退罚款的决定。这一决定说明贾厂长只想用经济杠杆来管理，又有一种用"理性人"假设来实施管理的倾向。这又是专制的。

结合两部分可以看出，贾厂长的领导行为属于利克特理论中的仁慈的专制型。

鉴于案例中出现的问题，为了能使新的规定得到贯彻实施，贾厂长应该改变原有的领导方式，在充分与工人讨论协商的情况下（民主协商型或民主参与型），制定公平合理的、行之有效的规章制度。为解决工人洗澡排队的问题，厂里应彻底改造女澡堂。这样，就扫清了新规定执行的障碍。

案例 10-5　企业管理的三大领导类型

案例 A：任厂长

　　某汽车公司装配厂的任厂长，从一上任开始，就不同意公司裁员的做法，他给厂里每个人机会以充分证明自己的价值。在他任期内，全厂 5000 名职工中只有极少数人被解雇。他首先为职工们建造了供职工们使用的餐厅和卫生间。午餐时，他还亲自上餐厅，跟职工们打成一片。他倾听他们的抱怨，征求他们的意见和合理化建议，鼓励班组定期开会来解决共同的问题。通过"一日厂长制"等活动，创造一切可能的机会让职工们参与全厂的长远规划。任厂长不仅坚持每日 2 小时在现场走动办公，而且还为管理人员和一线工人安排了不断解决问题的对话，通过对话，他希望管理人员知道他们为一线工人提供的服务是怎样的"不到位"，从而激发职工对企业的忠诚。他对下属关怀备至，下属人员遇到什么难处都愿意和他说，只要厂里该办的，他总是很痛快地给予解决。职工私下说他特别会笼络人。当然，任厂长也承认装配厂生产效率暂时不如其他同类企业，但他坚信只要他的职工们有高昂的士气，定会取得高的绩效。

案例 B：严厂长

　　某钢厂严厂长认为对下属人员采取疏远的态度对一个厂长来说是最好的领导方式，所谓的"亲密无间"只会松懈纪律。他一天到晚绷着脸，下属人员从未见他和他们谈过任何工作以外的事情，更不用说和下属人员开玩笑了。他到哪个部门谈工作，一进门大家的神情都变得严肃起来，犹如"一鸟入林，百鸟压音"，大家都不愿和他接近。严厂长把全厂的工作任务始终放在首位，在他看来，作为一个好的领导者，无暇去握紧每一个职工的手，告诉他们正在从事一项伟大的工作。所以他总是强调对生产过程、产量控制的重要性，坚持下级必须很好地理解生产任务目标，并且保质保量地完成。他经常直接找下属布置工作，中层管理人员常常抱怨其越级指挥，使他们无所适从。严厂长手下的几员"大将"被"架空"已成家常便饭。职工们有困难想找厂里帮助时，严厂长一般不予过问，职工们说他"缺少人情味"。久而久之，严厂长感到在管理中最大的问题就是下级不愿意承担责任，他们对工作并非很努力地去做，全厂的工作也只是推推动动，维持现有局面而已。

案例 C：赵厂长

　　赵大伟是一位经验丰富的企业家。当某市齿轮厂严重亏损、濒临倒闭时，他开始出任该厂的厂长。他的管理哲学是："管理既是无情的，又是有情的。对工人既要把'螺丝'拧得紧紧的，又要给予其温暖。"赵厂长对下属完全信赖，倾听下情并酌情采用。通过职工参与制，让下属参与生产与决策并给予物质奖励。所形成的全厂长远规划，请职工们"评头论足"，厂里上下级信息沟通快。鼓励下级自己作出相应决定。他认为：生产率的提高，不在于什么奥秘，而在于职工及其领导人之间的那种充满人情味的关系。同时，他为员工做出了表率。赵厂长深有感触地说："走得正，行得端，领导才有威信，说话才有影响，群众才能信服，才能对我行使权力颁发'通行证'。"他到该厂上任后不久采取了一系列措施。诸如树立效益以人为本的观念；推行融效率与人于一体的目标管理法，通过每个管理人员和职工为各自的部门和个人设置目标,并负责完成,想方设法提高工厂的生产效率;遵循系统管理和专业化分工的原则,综合考虑管理幅度和层次的合理划分,以及职权划分,建立责权明确、分工合理的组织结构体系;突出产品质量和降低成本两个重点。在赵厂长上任后的一年里,齿轮厂的生产绩效有了显著提高。

【问题】

运用管理方格理论分析案例 A、B、C 各厂长的领导方式。

【知识点链接】

管理方格理论以"关心生产"和"关心人"为维度,将领导方式分成 81 种,其中 5 种典型的领导方式为:

1-1 型(贫乏型)领导者既不关心人,也不关心生产,对组织运行放任自流,无所事事,无所作为,放弃领导应有的责任。

9-9 型(团队型)领导者既十分关心人,也十分关心生产,善于把组织集体的目标和个人目标之间有机地结合起来,工作效率高而且工作环境好。

5-5 型(中庸之道型)领导既不过于偏重人的关心,也不过于偏重生产任务。领导者能维持足够的生产效率和士气,但是创新不够。

1-9 型(俱乐部型)领导者不关心生产和工作,主要关心人,组织内员工们都轻松地工作,友好地相处,但是组织目标实现十分困难。

9-1 型(任务型)领导者十分关心生产和工作,关心组织目标的实现,制定严格的规章制度和奖惩制度来保证任务的完成,而对员工的关心不够,组织内工作气氛不佳,员工的积极性不高。

【案例分析】

案例 A 中,从"他给厂里每个人机会以充分证明自己的价值"以及"他还亲自上餐厅,跟职工们打成一片。他倾听他们的抱怨,征求他们的意见和合理化建议,鼓励班组定期开会来解决共同的问题"中显示了任厂长平易近人,关心下属,重视自己与下属、上司和同僚之间的关系,为员工营造一个舒适友好的氛围,但从"任厂长也承认装配厂生产效率暂时不如其他同类企业"又显示了任厂长忽略工作的状况,对工作并不关心。可以看出,任厂长是 1-9 型(俱乐部型)领导方式。从这个案例中可以看出任厂长虽然与职工们关系很好,但是业绩并不好,说明顾此失彼,进一步说明这种领导方式存在一定的缺陷,需要改正。

案例 B 中,"他一天到晚绷着脸,下属人员从未见他和他们谈过任何工作以外的事情,更不用说和下属人员开玩笑了"和"职工们有困难想找厂里帮助时,严厂长一般不予过问,职工们说他缺少人情味"表示严厂长对下属非常不关心,将人的因素对工作效率的影响降到最低程度,而"严厂长把全厂的工作任务始终放在首位",表示严厂长对工作非常关心,特别重视工作环境对工作效率的影响,并对此不断完善。可以看出严厂长是 9-1 型(任务型)领导方式。从"久而久之,严厂长感到在管理中最大的问题就是下级不愿意承担责任,他们对工作并非很努力地去做,全厂的工作也只是推推动动,维持现有局面而已"这个结果来看,这种领导方式也不能使企业利益达到最大化,不适宜企业的经营,这属于一种失败的领导方式,也需要进一步改进。

案例 C 中,"赵厂长对下属完全信赖,倾听下情并酌情采用。通过职工参与制,让下属参与生产与决策并给予物质奖励"展现了赵厂长与员工相互信任和尊重,个人通过组织目标凝聚为团队,充分利用激励制度,激发员工的积极性。"通过每个管理人员和职工为各自的部门和个人设置目标,并负责完成,想方设法提高工厂的生产效率;遵循系统管理和专业化分工的原则,综合考虑管理幅度和层次的合理划分,以及职权划分,建立责权明确、分工合理的组织结构体系;突出产品质量和降低成本两个重点"则展现了赵厂长对工作任务也很关心,通过给每一个人布置了适合员工的任务,使员工为产生共同利益而团结协作,对于责任权利划分明确,有奖有罚,对业务也有一定的规划计划,所以赵厂长是 9-9 型(团队型)领导方式。从结果"在赵厂长上任后的一年里,齿轮厂的生产绩效有了显著提高"可以得出,这种领导方式是最好的,所以要想使企业达到最大的效益,领导者既要与员工有好的关系,也要重视工作任务的完成,当然对资源的配置要有一个整体的整合与分配,使得利益最大化。

根据以上三个小案例,我们可以得出,9-9 型(团队型)领导方式效果最好,他既关心与人的交流,营造一个温馨大家庭的氛围,也关心工作任务的完成,将员工凝聚为一个整体,为共同利益而奋斗努力,使企业利益最大化。

案例 10-6　王熙凤有效管理的秘诀

《红楼梦》中的王熙凤心思细密,干练泼辣。秦可卿去世后,宁国府无人打理,贾珍请来了王熙凤协助管理。在第十四回《林如海捐馆扬州城,贾宝玉路谒北静王》中,有这么一段:宁国府总管来升得知凤姐来管事,通知大家。有人说:"论理,我们里面也须得她来整治整治,都太不像样了。"这里指出宁国府本身管理环境是比较混乱的。凤姐在宁国府里将下人分成几拨,分别负责秦可卿出殡期间不同的事务。第二天,有人来晚了,向凤姐求情。凤姐放下脸来,说,:"带出去! 打二十板子! 革他一月银米!"自此之后,宁国府里众人不敢偷安,兢兢业业,执事保全。

【问题】

王熙凤的领导管理为何取得显著成效呢?

【知识点链接】

心理学家费德勒是最早对领导权变理论作出理论性评价的人。1962 年他提出了一个"有效领导的权变模型",即费德勒模型。他认为任何领导形态均有可能有效,其有效性完全取决于他所处的环境是否适合。费德勒利用最难共事者问卷(LPC)来确定领导者的基本风格。他认为人的领导风格有两种,分别是任务导向型和关系导向型,前者则以完成任务为主要需要,而以维持良好的人际关系需要为辅,领导者在员工眼里是严格苛刻的,领导者与员工之间存在较多摩擦;后者以维持良好的人际关系为主要需要,以完成任务需要为辅,领导者与员工关系融洽,他们鼓励员工一起来参与决策,与组织成员共同分担领导工作,这类领导者往往容易得到员工的爱戴。一般情况下,领导者的领导风格不会发生改变。该权变模型还有三个情境因素,分别是:(1)领导者与下属的关系。领导者和下属的关系如果融洽,领导者受下属的爱戴和追随,领导者就可能获得较好的绩效。同时,关系融洽使得领导者在给下属安排工作的时候比较容易。(2)职位权力。领导者职权的大小会影响下属服从领导的程度,职权越大,越能取得他人的追随。(3)任务结构。下属所承担的任务的明确性,只要任务明确,就能比较清楚地确定下属的职责,也能够对其业绩进行有效的控制。每一种领导情境都可以用这三个变量来评估,并可以组成 8 种对领导者有利或不利的情境。费德勒得出结论:任务导向型领导者在情境非常有利或不利的条件下通常表现最佳。而适中的情境,则适合于关系导向型领导者。费德勒模型强调为了领导的有效性需要采取什么样的领导行为,而不是从领导者的素质出发强调应当具有什么样的行为。费德勒模型表明,并不存在着一种绝对最好的领导形态,企业领导者必须具有适应力,自行适应变化的情境,同时也提示管理层必须根据实际情况选用合适的领导者。

【案例分析】

本案例中,王熙凤所面临的情境:(1)领导者和下属的关系:王熙凤初来乍到,宁国府里的下人对她不熟悉,上下级之间的关系冷淡;(2)职位权力:她并不是宁国府的正经主子,职位权力小;(3)任务结构:下人承担的任务比较明确。可见,这种情境对领导者来说不太有利。费德勒认为,在情境特别有利或特别不利的时候,比较适合任务导向型领导者。而王熙凤恰恰就是以任务为中心、讲求工作结果的领导者。所以,她的管理收到了成效。

案例 10-7 护士长的领导能力

中南大学湘雅三医院是一所集医疗、教学、科研为一体的三级甲等综合医院,共有护士长 125 名,均为女性,年龄 31~47 岁,学历均为本科以上,职称均为主管护师以上。护士长既是护理工作的领导者、组织者,又是参与者、实践者,护士长队伍的综合素质决定着整个护理队伍的层次和水平。但是整个护士团队庞大而复杂,护士层次不同,各护士长所带领的团队工作任务量大,护士长不可能面面俱到地指导到每位成员,且随着医疗市场的不断发展和群众医疗需求的不断提高,对护理队伍特别是护士长的综合素质提出了更高的要求,因此,如何提高护士长的管理效能,促进护理队伍的综合素质是当前迫切的需求。

【问题】

运用情境领导理论,分析该医院该如何提升护士长的管理效能。

【知识点链接】

情境领导理论是由著名的心理学家和组织行为家保罗·赫塞(Paul Hersey)和管理学家肯·布兰查德(Ken Blanchard)提出并发展的理论,也称为领导生命周期理论,属于重视下属的权变理论。情境领导理论认为领导的有效性取决于工作行为(指领导者和下属为完成任务而形成的交往形式,代表领导者对下属完成任务的关注程度)、关系行为(指领导者给下属以帮助和支持的程度)和下属的成熟程度(指人们对自己的行为承担责任的能力和意愿的大小,包括工作成熟度和心理成熟度)。成功的领导主要是依据下属的成熟度水平选择恰当的领导方式。

1. 领导者的领导风格依据任务行为和关系行为两个维度组合成高低 4 种具体领导风格。具体如下:S1 指令型领导风格,即高任务,低关系,告诉下属做什么,支持少;S2 推销型领导风格,即高任务,高关系,领导者兼具指导性与支持性;S3 参与型领导风格,即低任务,高关系,共同决策,少指导;S4 授权型领导风格,即低任务,低关系,领导者提供极少的指导或支持。

2. 下属的成熟度由高到低分为 4 个阶段:R1 没能力,没意愿或不安;R2 没能力,有意愿或自信;R3 有能力,没意愿或不安;R4 有能力,有意愿并自信。

3. 成熟度水平与领导风格的匹配。领导者的管理行为应该依其下属的成熟度水平而决定,管理者的风格与其下属的成熟度水平相适应,才能产生较好的管理效果,强调把工作行为、关系行为和被领导者的成熟度三者结合起来考虑。情境领导理论指出,如果下属既无能力又不愿意承担一项任务,领导者需要提供清晰和具体的指定,即 S1-R1 指令型领导模式;如果下属没有能力但有意愿,则领导者既要表现出高任务取向以弥补下属能力的缺乏,又要表现出高关系取向以使下属领会领导者的意图,即 S2-R2 推销型领导模式;如果下属有能力但无意愿,则领导者需要运用支持和参与的风格即 S3-R3 参与型领导模式;如果下属既有意愿也有能力,则领导者不需做太多的工作,即 S4-R4 授权型领导模式。

【案例分析】

情境领导理论认为下属可以接纳也可以拒绝领导者,无论领导者做什么,其效果都取决于下属的活动,故有效的领导行为关键取决于成功地判断员工的成熟度水平。

结合本案例,一般情况下,护士在临床工作过程中,随着临床知识的增加、技能的加强、经验的不断积累,工作意愿也发生了较大的改变,由不成熟逐渐迈向成熟,准备度水平亦不断上升。但由于下属的准备度受个人心理素质、工作任务、外部环境等主客观因素的影响,成熟度并不是单方向变化的,因而会在低成熟度水平向高成熟度水平之间往复运动。因此,护士长的行为随着护士在某项工作上的准备度的变化而发生相应的改变,以保证组织目标的有效实现;同时,应提供合适的环境,促使护理人员尽快从低成熟度水平向高成熟度水平发展。

故对不同成熟度的护士层采取如下有效管理:

R1 层护士的管理采取 S1-R1 指令型领导模式。由于 R1 层护士对工作完全没有准备,护士长需要明确地告知她们具体的工作任务和工作规范,加强各项临床知识与技能的指导,指出其工作中的不足之处并要求其加以改进,对其工作进行督查和正面引导,鼓励其积极参加理论和技能的培训。但不应该给予过多的支持行为与双向沟通,以防止护士误认为领导者容忍或接受不佳表现,甚至会鼓励不佳表现。其主要意图在于帮助护士学习并掌握的知识和技能。

R2 层护士的管理采取 S2-R2 推销型领导模式。针对 R2 层护士缺乏必要的知识与技能,护士长应该向其明确每日的工作内容和目标,布置护理工作任务,提供必要的指导帮助,如工作要点和技巧,同时还需要解释说明任务的意义,让其逐步独立承担各项基础技术性工作,及时了解其在工作中存在的困难和问题,给予相应的指导。但由于 R2 层护士具有工作的意愿和学习的动机,护士长应该提供有益于其发展的医学、护理书籍,与其一起制订学习计划,帮助护士合理安排学习时间,并经常予以提醒。

R3 层护士的管理采取 S3-R3 参与型领导模式。由于 R3 层护士具备足够的能力但缺乏信心和动机,她们不需要大量的有关工作的指导和指示,但需要护士长在心理和氛围上给予支持和鼓励。由于其工作经验较多、工作能力较强,故无须对其工作给予过多的干预,以免引起其反感,可以让其担任责任护士,组织业务小讲座,带领并指导 R1 和 R2 层护士完成各项日常工作,听取她们的工作安排,给予相应的意见和建议,增强她们的责任感,培养她们的工作能力。但由于其工作自觉性差,专业思想不够稳定,护士长应及时了解掌握护士的心理状况和思想动态,因势利导地教育护士,使其正确认识到工作的价值并具有自豪感。护士情绪低落时,运用多样沟通方式帮助其合理宣泄消极情绪,用其自身的长处鼓励并激发其工作热情,尊重护士的劳动和意志。其主要意图在于促成护士独立自主解决问题,巩固其专业思想。

R4 层护士的管理采取 S4-R4 授权型领导模式。R4 层护士有足够的能力意愿和信心,对于这样的护士,护士长基本上可以放手无为而治,对她们要做的主要是对其工作结果进行合适的评价。护士长应及时发现此类护理人才并进行重点培养,促进其各方面能力的综合发展,特别是护理管理能力的培养。可以让其参加病房的管理工作,给予其适当的资源,授予一定的权力,让其参与操作标准流程的讨论、制定、质量督导,负责实习期护士和见习期护士的带教工作以及低年资护士的临床培训工作,担任病区护理质控小组成员等,护士长作宏观控制。还可以采取目标管理的方式,授权其独立完成部分科室的工作目标。护士长不在时暂时让其接管病房管理工作,培养其管理能力。其主要意图在于使护士超出自己认可范围的极限,让其能力得到充分发挥。

第11章　沟通

案例 11-1　一次战略方案制订引起的沟通问题

天讯公司是一家生产电子类产品的高科技民营企业。近几年,公司发展迅猛,然而,最近在公司出现了一些传闻。公司总经理邓强为了提高企业的竞争力,在以人为本、创新变革的战略思想指导下,制订了两个战略方案:一是引人换血计划,年底从企业外部引进一批高素质的专业人才和管理人才,给公司输入新鲜血液;二是内部人员大洗牌计划,年底通过绩效考核调整现有人员配置,内部选拔人才。邓强向秘书小杨谈了自己的想法,让他行文并打印。中午在公司附近的餐厅吃饭时,小杨碰到了副总经理张建波,小杨对他低声说道:"最新消息,公司内部人员将有一次大的变动,老员工可能要下岗,我们要有所准备啊。"这些话恰好又被财务处的会计小刘听到了。他又立即把这个消息告诉他的主管老王。老王听后,愤愤说道:"我真不敢相信公司会做这样的事情,换新人、辞旧人。"这个消息传来传去,2天后又传回邓强的耳朵里。公司上上下下员工都处于十分紧张的状态,唯恐自己被裁,根本无心工作,有的甚至还写了匿名信和恐吓信,对这样的裁员决策表示极大的不满。

邓强经过全面了解,终于弄清了事情的真相。为了澄清传闻,他通过各部门的负责人把两个方案的内容发布给全体职工。他把所有员工召集在一起来讨论这两个方案,员工们各抒己见,但一半以上的员工赞同第二个方案。最后邓强说:"由于我的工作失误引起了大家的担心和恐慌,很抱歉,希望大家能原谅我。我制定这两个方案的目的就是想让大家来参与决策,来一起为公司的人才战略出谋划策,其实前几天大家所说的裁员之类的消息完全是无稽之谈。大家的决心就是我的信心,我相信公司今后会发展更好。谢谢!关于此次方案的具体内容,欢迎大家向我提问。"

通过民主决议,该公司最终采取了第二个方案,由此,公司的人员配置效率得到了大幅度的提高,公司的运作效率和经营效益也因此大幅度地增长。

【问题】

1.案例中的沟通渠道或网络有哪些?请分别指出,并说出各自的特点。

2.案例中邓强的一次战略方案的制定为什么会引起如此大的风波?

3.如果你是邓强,从中应吸取什么样的经验和教训?

【知识点链接】

管理沟通是指特定组织中的人们,为了达成组织目标而进行的管理信息交流的行为和过程。沟通渠道有正式沟通渠道和非正式沟通渠道之分。前者是对信息传递的媒介物、线路作了事先安排的渠道,是通过正式的组织结构而建立起来的。它包括上行沟通、下行沟通、平行沟通和斜行沟通渠道。后者是指非官方的、不受任何约束的信息通道。

沟通网络是由若干条信息沟通渠道按一定方式集结而成的链状或网状结构。正式沟通网络是通过正式沟通渠道建立起来的网络,它反映了一个组织的内部结构,通常与组织的职权系统和指挥系统相一致。它有链形、轮形、Y形、圆形和全通道形沟通网络之分。非正式沟通网络是通过非正式沟通渠道联系的沟通网络。它分为单线型、饶舌型、偶然型和集束型四种。

【案例分析】

1.案例中的沟通渠道或网络有哪些?请分别指出,并说出各自的特点。

1.正式沟通及网络。一处是案例中邓强将自己对战略方案的想法告诉秘书小杨,下令行文并打印,这属于组织正式沟通中的下行沟通,即信息按组织之间上下级的隶属关系,从较高的组织层次向较低的组织层次传递的形式。它常用于命令、指导、协调和评价下属,带有指令性、法定性、权威性和强迫性。另一处是为了澄清传闻,总经理邓强召集所有员工来讨论战略方案,这属于组织正式沟通网络中的轮形沟通网络,它对简单问题最有效率。

2.非正式沟通网络。案例中多次出现了不同形式的非正式沟通:秘书小杨在餐厅吃饭时私下把总经理的战略秘密告诉副经理张建波、会计小刘把消息告诉主管老王等都属于非正式沟通网络中的集束型方式,它是把信息有选择地告诉自己的朋友或者有关人员;财务处会计小刘碰巧听到小杨与张建波的谈话则属于非正式沟通网络中的偶然型方式,即按偶然机会将消息随机地传递给其他人;而消息最终又被传到邓强的耳朵里,这属于非正式沟通中的单线型方式。

2. 案例中邓强的一次战略方案的制定为什么会引起如此大的风波?

非正式沟通是指以企业非正式组织系统或个人渠道的信息传递。企业中非正式沟通有客观存在的必然性,因此应引起管理者的重视。非正式沟通传播的内容主要是职工普遍关心的相关信息,具有信息交流速度快、沟通效率高、信息传播准确性低的特点。

正式沟通是对信息传递的媒介物、线路作了事先安排的渠道,是通过正式的组织结构而建立起来的。如题1所述,邓强将信息传递给小杨,是属于下行沟通的方式。下行沟通的目的是使员工了解组织的目标,以形成与组织目标一致的观点加以协调。邓强对两个战略方案的构想的目的也是使员工了解公司的战略目标,让大家参与决策,找出最佳方案。但由于邓强在下行沟通过程中不到位,没有表达清楚自己的意思,加之秘书对信息不够准确的理解,成为信息被曲解的原因。它是产生本次风波的直接导火线。

此外,员工对信息盲目地接收、认同、传播,而不加辨别筛选的态度,在这次风波中也起了推波助澜的作用。

3.如果你是邓强,从中能吸取什么样的教训和经验?

教训:一是管理者应对非正式沟通加以足够的重视,正确对待非正式沟通,学会利用和引导它,使之成为正式渠道的补充。同时还应积极主动收集这方面的信息,及时把握公司和员工的动态,以便及时避免和纠正非正式沟通中信息的偏差,将由此对个人、公司和员工造成的不良影响程度减至最低。二是管理者需要建立信息反馈系统,以保证下行沟通的有效性。建立与员工的沟通体制,比如建立经理公开见面会制度。三是不能孤立地只采用一种沟通方式,比如提倡民主性较高的上行沟通,直接与员工沟通,通过电子邮件,让员工们大胆反映实际问题,积极参与企业管理,多提建议和意见,避免中间环节。

经验:当由于非正式沟通中信息的曲解对公司、领导和员工已经造成了一定程度的不良影响后,及时采取其他多种有效的沟通渠道进行澄清、补救。同时不应过多地追究传播者的错误和责任,对信息的传播者给予原谅。

结论:管理沟通是一个复杂的过程,某一信息的传递常常会受到各种因素的影响,致使沟通质量不高,为此,作为管理者要坚持及时、适量、灵活、有效的沟通原则;了解关注、理解、接受、行为四个沟通步骤;发展双向性、支持性、重复性、综合性四种沟通方法;提高说、写、听、读四种沟通能力,以改善管理沟通。

案例 11-2 因沟通问题所引起的悲剧:"德国最愚蠢的银行"

2008 年 9 月 15 日 10:00,拥有 158 年历史的美国第四大投资银行雷曼兄弟公司向法院申请破产保护,消息转瞬间通过电视、广播和网络传遍地球的各个角落。令人匪夷所思的是,在如此明朗的情况下,10:10,德国国家发展银行居然按照外汇掉期协议,通过计算机自动付款系统,向雷曼兄弟公司即将冻结的银行账户转了 3 亿欧元。毫无疑问,3 亿欧元将有去无回。转账风波曝光后,德国社会各界大为震惊,舆论哗然,普遍认为,这笔损失本不应该发生,因为此前一天,有关雷曼兄弟公司破产的消息已经满天飞,德国国家发展银行应该知道交易存在巨大的风险,并事先做好防范措施才对。德国销量最大的《图片报》,在 9 月 18 日头版的标题中,指责德国国家发展银行是迄今"德国最愚蠢的银行"。此事惊动了德国财政部,财政部长佩尔·施泰因布吕克发誓,一定要查个水落石出并严厉惩罚相关责任人。法律事务所的调查员先后询问了德国国家发展银行各个部门的数十名职员。

几天后,调查员向国会和财政部递交了一份调查报告,调查报告并不复杂深奥,只是一一记载了被询问人员在这 10 分钟忙了些什么。然而,答案就在这里面。看看他们忙了些什么?首席执行官乌尔里奇·施罗德:"我知道今天要按照协议预先的约定转账,至于是否撤销这笔巨额交易,应该让董事会开会讨论决定。"董事长保卢斯:"我们还没有得到风险评估报告,无法及时作出正确的决策。"董事会秘书史里芬:"我打电话给国际业务部催要风险评估报告,可那里总是占线,我想还是隔一会儿再打吧。"国际业务部经理克鲁克:"星期五晚上准备带上全家人去听音乐会,我得提前打电话预订门票。"国际业务部副经理伊梅尔曼:"忙于其他事情,没有时间去关心雷曼兄弟公司的消息。"负责处理与雷曼兄弟公司业务的高级经理希特霍芬:"我让文员上网浏览新闻,一旦有雷曼兄弟公司的消息就立即报告,现在我要去休息室喝杯咖啡了。"文员施特鲁克:"10:03,我在网上看到了雷曼兄弟公司向法院申请破产保护的新闻,马上就跑到希特霍芬的办公室,可是他不在,我就写了张便条放在办公桌上,他回来后会看的。"结算部经理德尔布吕克:"今天是协议规定的交易日子,我没有接到停止交易的指令,那就按照原计划转账吧。"结算部自动付款系统操作员曼斯坦因:"德尔布吕克让我执行转账操作,我什么也没问就做了。"信贷部经理莫德尔:"我在走廊里碰到了施特鲁克,他告诉我雷曼兄弟公司的破产消息,但是我相信希特霍芬和其他职员的专业素养,一定不会犯低级错误,因此也没必要提醒他们。"公关部经理贝克:"雷曼兄弟公司破产已发生,我想跟乌尔里奇·施罗德谈谈这件事,但上午要会见几个克罗地亚客人,等下午再找他也不迟,反正不差这几个小时。"

德国财政部长施泰因布吕克出席银行监管董事会会议后感叹:"我一辈子都没经历过这样的事。"演绎一场悲剧,短短10分钟就已足够。

【问题】

试用沟通理论评析该德国银行为什么会被称为"德国最愚蠢的银行"?

【知识点链接】

组织沟通就是在组织结构环境下的知识、信息以及情感的交流过程,它涉及战略控制及如何在创造力和约束力之间达到一种平衡。组织沟通具有明确的目的,即影响组织中每个人的行为,使之与实现组织的整体目标相适应,并最终实现组织目标。作为日常管理活动,组织沟通按照预先设定的方式,沿着既定的轨道、方向和顺序进行。组织沟通往往与公司规模有关,即如果公司规模大,就可能比较规范,沟通过程也就会较长;而如果公司规模较小,就可能不那么规范,沟通过程也就会较短。后者的沟通结果容易控制,而前者则不太容易。由于组织沟通是管理的日常功能,因此组织对信息传递者具有一定的约束力。组织沟通一般分为两大类:内部沟通和外部沟通。根据不同的沟通路径、形式和载体,组织内部沟通分别包括纵向沟通、横向沟通和斜向沟通。组织结构图中的竖线所表示的是纵向沟通,横线所表示的是横向沟通。斜向沟通是沿着组织结构内的斜线进行的沟通,它包括不同部门之间、不同层面管理者和员工之间的沟通,也可分为上行沟通和下行沟通两种形式。外向沟通则是沿着组织结构外的斜线进行的沟通,它涵盖了一个组织与其他相关组织的沟通和联系。

【分析案例】

从本案例中可以看到,首席执行官知道今天要按照协议预先的约定转账,至于是否撤销这笔巨额交易,应该让董事会开会讨论决定,但是他没有和董事会进行沟通。董事长认为还没有得到风险评估报告,无法及时作出是否继续转账的决策。董事会秘书打电话给国际业务部催要风险评估报告,可那里总是占线,想还是隔一会儿再打。国际业务部经理当时在打电话预订门票。文员在网上看到了雷曼兄弟公司向法院申请破产保护的新闻,马上就跑上级的办公室,可是领导不在,就写了张便条放在办公桌上,并没有及时确认对方是否能及时收到消息。结算部经理认为今天是协议规定的交易日子,没有接到停止交易的指令,那就按照原计划转账吧。我们可以看到,在这家银行,上到董事长,下到操作员,没有一个人是愚蠢的。可悲的是,几乎在同一时间,每个人都开了点小差,每个人都没有同其他人进行有效沟通,核实并确认自己的信息和行为,结果就创造出了"德国最愚蠢的银行"。

从中可以看出,这家银行各个层级都没有进行有效沟通,并且采取的沟通手段大部分是非正式沟通,这就造成了无论是沟通对象、时间还是内容存在很大的不确定性和偶然性,导致未能在问题发生的初期,引起管理层的重视,偏差越来越大,最终给企业造成不可估量的损失。应该制定具体的细则来规范沟通活动,如开紧急会议、面谈等。还应该精简沟通环节,有些企业管理层过于臃肿和复杂,应当防止组织结构复杂化。

案例 11-3　扁鹊见蔡桓公

我国古代春秋战国时期,有一位著名的医生,他叫扁鹊。有一次,扁鹊谒见蔡桓公,站了一会儿,他看看蔡桓公的脸色,然后说:"国君,你的皮肤有病,不治怕是要加重了。"蔡桓公笑着说:"我没有任何病。"扁鹊告辞后,蔡桓公对他的臣下说:"医生就喜欢给没病的人治病,以便显示自己有本事。"过了十几天,扁鹊又前来拜见蔡桓公,他仔细看看蔡桓公的脸色说:"国君,你的病已到了皮肉之间,不治会加重的。"桓公见他尽说些不着边际的话,气得没有理他。扁鹊走后,桓公还没有消气。又过了十多天后,扁鹊又来朝见桓公,神色凝重地说:"国君,你的病已入肠胃,再不治就危险了。"桓公气得叫人把他轰走了。再过十几天,蔡桓公出宫巡视,扁鹊远远地望见桓公,转身就走。桓公很奇怪,派人去追问。扁鹊叹息说:"皮肤上的病,用药物敷贴就可以治好;皮肉之间的病,用针灸可以治好;在肠胃之间,服用汤药就可以治好;但是病入骨髓,那么生命已掌握在司命之神的手里了,医生是无能为力了。如今国君的病已深入骨髓,所以我不敢去治了。"蔡桓公听后仍不相信。五天之后,桓公遍身疼痛,连忙派人去请扁鹊,这时扁鹊已经逃往秦国躲起来了。不久,蔡桓公便病死了。

【问题】

试运用沟通理论分析案例中医患沟通存在的问题。

【知识点链接】

有效沟通能否成立关键在于信息的有效性,信息的有效程度决定了沟通的有效程度。信息的有效程度又主要取决于以下几个方面:(1)信息的透明程度。当一则信息应该作为公共信息时就不应该导致信息的不对称性,信息必须是公开的。公开的信息并不意味着简单的信息传递,而要确保信息接收者能理解信息的内涵。如果以一种模棱两可的、含糊不清的文字语言传递一种不清晰的,难以使人理解的信息,对于信息接收者而言没有任何意义。另外,信息接收者也有权获得与自身利益相关的信息内涵,否则有可能导致信息接收者对信息发送者的行为动机产生怀疑。(2)信息的反馈程度。有效沟通是一种动态的双向行为,而双向的沟通对信息发送者来说应得到充分的反馈。只有沟通的主客体双方都充分表达了对某一问题的看法,才真正具备有效沟通的意义。

【案例分析】

扁鹊对蔡桓公的死也负有责任,他作为一位医者,在与患者蔡桓公进行沟通时,并没有做到有效沟通,与蔡桓公四次觐见的沟通都以失败告终。在这个案例中,扁鹊的主要问题就在于忽视了沟通的有效性,没有去想对方需要的是什么,没有去分析沟通对象的特点,适时地引导对方去做出合理的决定。另外,扁鹊也并没有详细解释自己的话,没有给出依据来证明自己的判断。可以从语言沟通和非语言沟通两方面来分析扁鹊在此次医患沟通中存在的问题。

1.语言沟通

(1)没有选择易于接受的提问方式。为了更好地了解患者的情况,医务人员提问应有针对性,让患者易于接受,以利于进一步的诊治。扁鹊见到桓公不是先旁敲侧击地询问,而是近似诅咒式的说桓公有病,不治就会严重,最终落得适得其反的结果。患者对医生这种过分关心疾病,而很少关心患者的现象是很反感的。

(2)没有运用易于接受的话语。扁鹊初见桓公就直言"君有疾,不治将恐深",令桓公大为不悦并坚称"寡人无疾",甚至认为"医之好治不病以为功",正是出于这个道理。如果扁鹊能善用安慰语,多用鼓励话,事先告诉桓公表皮的病,用热水焐、用药物热敷就能够治愈,蔡桓公应该就不至于病入膏肓。

(3)没有看人说话。每个人对别人提出的问题意见,有不同的反应,一国之君肯定有傲气,沟通应从对方的性格身份、处事态度入手。作为一个国君,你说我有病,我就有病吗?似乎这样子国君会认为自己很没面子。应当对他的思想进行引导,引到"有病"、"治病"这个话题中来。扁鹊却没有站在桓公的角度考虑,去充分地理解桓公的感受和避讳,难以顺利沟通。最后贵为一代名医的扁鹊也只能看着蔡桓公一步步地病入膏肓,而自己落得个逃往秦国避难的下场。

2.非语言沟通

(1)没有注意合理的距离与朝向。扁鹊初见桓公,只是远远地站了一会儿,就得出"君有疾,不治将恐深"的结论,致使蔡桓公产生阻抗情绪,甚至认为扁鹊是"好治不病以为功"。

(2)没有进行必要的肢体语言沟通。真诚的微笑和友善的举止往往让患者感到亲切温暖,并对医生产生信任感,扁鹊第三次见蔡桓公时,却只是神色凝重地说:"国君,你的病已入肠胃,再不治就危险了。"难怪桓公会气得叫人把他轰走。

(3)缺乏关怀体贴的沟通态度。在医患沟通中如果能运用关心体贴的沟通态度则有利于双方建立起融洽的关系。扁鹊只给了蔡桓公一个生硬武断的判断结果,并没有详细解释自己的话,也没给出依据来证明自己的判断,不利于拉近医患双方的心理上的距离。

从以上分析,可以得出扁鹊的沟通是彻底失败了,他没有能说服他的沟通对象——一国之君蔡桓公听从他的劝谏。他虽医术高明,但却非常不擅长沟通,三次进谏的方式一成不变,仅仅告诫蔡桓公:"你有病,不治将……"从简单的心理学角度去分析,人都是有自尊心的,揭别人之所短多多少少会引起别人的不悦之心,自尊心强的人肯定会反驳你,更别说一国之君蔡桓了。所以应当学习掌握良好的沟通交流技巧,善于运用语言和非语言艺术,达到有效沟通。扁鹊一开口就让桓公反感,同时也不为自己的判断做解释说明,所以就很难引起蔡桓公的共鸣,无法引导蔡桓公进行及时的治疗。所以医务人员要认真学习掌握沟通的艺术和技巧,有效地与患者进行沟通,才能达到良好的医疗效果。

案例 11-4　斯塔福德航空公司的沟通问题

斯塔福德航空公司是美国北部一家发展迅速的航空公司。其总部发生了一系列的传闻,公司总经理波利想出卖自己的股票,但又想保住自己总经理的职务这是公开的秘密了。他为公司制定了两个战略方案,一个是把航空公司的附属单位卖掉,另一个是利用现有的基础重新振兴发展。他自己曾对这两个方案的利弊进行了认真的分析,并委托副总经理本杰明提出一个参考意见。本杰明曾为此起草了一份备忘录,随后叫秘书比利打印。比利打印完后即到职工咖啡厅去,在喝咖啡时比利碰到了另一位副总经理肯尼特,并把这一秘密告诉了他。比利对肯尼特悄悄地说:"我得到了一个极为轰动的最新消息。他们正在准备成立另外一个航空公司。他们虽说不会裁减职工,但是,我们应该联合起来有所准备呀。"而这话又被办公室的通讯员听到了,他立即把这一消息告诉他的上司巴巴拉。后者为此事写了一个备忘录给负责人事的副总经理马丁,他也加入了他们的联合阵线,并认为公司应保证兑现其不裁减职工的诺言。

第二天,比利在打印两份备忘录时,又被路过办公室的探听消息的员工摩罗看见了。摩罗随即跑到办公室说:"我真不敢相信公司会做出这样的事情。我们要被卖给联合航空公司了,而且要大量削减员工呢!"这消息传来传去,3天后又传回到总经理波利的耳朵里。人们纷纷指责他企图违背诺言而大批解雇工人,而波利则被弄得迷惑不解。

【问题】

这个案例中的沟通存在着什么问题,该如何解决?

【知识点链接】

沟通,是实现组织目标的重要手段;沟通使管理决策更加合理有效;沟通成为企业中各个部门、各成员之间密切配合与协调的重要途径;沟通是管理人员激励下属,影响和改变别人的态度和行为,实现领导职能的基本途径;沟通也是企业与外部环境之间建立联系的桥梁。

沟通的过程:沟通发生之前,必须存在一个意图,我们称之为"要被传递的信息"。它在信息源(发送者)与接受者之间传送。信息首先被编码(转化为信号形式),然后通过媒介物(通道)传送至接受者,由接受者将收到的信号转译回来(解码)。

双向沟通,指在信息沟通过程中,发送者和接收者的位置不断交替变换,接收者获取发送者的信息后,通过自身的理解,把意见反馈给原发送者,这时,双方的位置正好交换一下,这样一直可以延续到沟通活动的结束。双向沟通信息传递准确性高,接收者有反馈意见的机会,有参与感,有助于沟通双方建立感情。团体在处理陌生、复杂的问题或做重要决策时都宜用双向沟通。双向沟通对于组织内部沟通很重要,它比单向沟通有效得多,组织和团体成员都应该多用双向沟通。为了保证信息传递的准确性和提高沟通的效果,应尽量采取双向沟通的方式。

【案例分析】

1.这个案例给人最大的印象就是拷贝大走样。信息在沟通过程中,经过几重发送者和接收者的编码和解码,信息已经变得和原来的意思大相径庭。总经理原本两个不错的战略方案,撇开他的私心不讲,最后在员工的几经传递中,意思发生了转变,情况变成人们纷纷指责企业违背诺言而大批解雇员工。信息发出者总经理波利十分的不解与委屈,而员工们也因此对企业非常失望。虽然看似非常简单的问题,但背后却体现出企业缺乏沟通管理,表现在以下三个方面:

(1)信息不够准确。我们认为首先是总经理的两个战略框架过于简单或者说是太大。这样无法正确地达到总经理最初的意图。这也是导致后面乌龙事件发生的原因之一。

(2)沟通有问题。基本上认为在以下几方面存在问题:

第一,总经理与副总之间信息传递存在问题,后者不能完全明白总经理的意思。这个案例中,总经理如果能在两个方案中提出些限制条件,这样就不会有"要开除员工"这样有违他本意的传言出现。

第二,副总和文秘之间存在沟通问题。既然是公司的战略方针,应该属于公司机密,就应该叮嘱她什么该做什么不该做。

(3)人员素质不高。我认为这是信息与沟通重要的因素之一。如果没有员工之间的八卦新闻,又怎么会有谣言的出现。尤其在公司改革阶段,更是要严格控制。尤其在接触这些公司机密的文秘岗位上,必须提高人员素质,否则企业的信息沟通肯定无法进行。这也是这个案例中最大的问题,如果不能有效解决,肯定这个企业是无法在信息沟通方面有效控制的。

2.针对存在的问题,解决措施如下:

(1)沟通要有认真的准备和明确的目的性。(2)沟通的内容要确切。(3)沟通要有诚意,取得对方的信任并建立起感情。(4)提倡平行沟通,即在组织中同一层次之间的相互沟通。(5)提倡直接沟通、双向沟通和口头沟通。(6)设计固定沟通渠道。形成沟通常规。除此之外,应建立投诉和举报人保护制度。投诉是信息沟通的重要手段之一,是信息自下而上沟通的重要形式。这里需要强调指出的是,企业员工处于经营活动的第一线,能够及时发现经营活动及内部控制实施过程中存在的不足、问题和缺陷以及舞弊行为,并能就完善内部控制体系提出合理化建议和改进意见。为此,企业应当建立举报投诉制度,设置举报专线,明确举报投诉处理程序、办理时限和办结要求,确保举报、投诉成为企业有效掌握信息的重要途径。同时,企业要建立举报人保护制度,保护投诉人的积极性,维护举报人的利益。

案例 11-5　沟通的差异

A公司

A公司位于中国东北辽宁省大连市,专为知识型产业人群打造绿色时尚生活和全方位增值精英都会,项目的开发商团队由香港知名房地产公司与大连龙头地产企业共同组成。A 公司的首发板块黄泥川总建筑面积 185.2 万平方米,定位为同享乐活的绿色知识社区。拥有原生宅邸、商业中心、中央会所、山体公园、低碳公园、湖区公园、产业办公楼等。但黄泥川板块从 2011 年初正式销售以来,成交量却出人意料的低。消费者认为公司的高端路线不符合他们的需求。公司内部有些人认为住宅部难辞其咎,销售报表上长期提不起来的指标业绩,销售中心的售楼员总是处于无精打采的状态。也有让设计部负责的声音。设计部的刘总认为当初的设计方案是公司上层统一意见后决定的,不应该由设计部来负责销售不出去的后果。商业部的徐总面对不少人将矛头指向商业部也觉得委屈,因为徐总也是依据公司的决策走高端路线,在各个方面对厂商要求也很严格。工程部的陈总也觉得委屈,公司之前一次性投入大量土地,政府对开发商不断施加压力使工程不得不大范围动工,无暇兼顾绿化和体育设施等的质量,交房后被消费者指出了各种各样的问题。目前公司内部各部门之间不是寻找问题、解决问题,而是互相指责导致内部矛盾激化。总经理十分担忧的是内部的管理不善、沟通不足,影响整个项目的持续发展。

B 公司

在现代信息发展的时代,电子商务为日常的沟通带来了便捷,但传统的沟通渠道并没有因为科技手段的创新而落伍。在 B 公司传统与现代的沟通渠道在这里相映成趣。网上交流、电话交流、面对面交流、便笺式交流、圆桌会议、全体员工会议、优秀员工座谈等这些集体的沟通方式也每天都在进行。

在 B 公司内部实行大门敞开。大门敞开就是所有管理者办公室的门都是绝对敞开的,在任何时候员工都可以直接推门进来,与任何级别的上司平等交流。

B 公司很大,13 个业务集团,1300 多亿美元的营业额,几十万员工,但 B 公司要求,公司员工不要认为公司很大,不要被规模所累,而应该认为是一家反应敏捷的小公司。在无边界行为的理念下,B 公司打破三大业务集团的界限,广泛地进行横向交流,定时举行员工大会,通过卫星直播、网上直播等方式进行。民意调查是让 B 公司了解全球员工想法的一种非常重要的沟通方式,该民意调查每年进行一次,通过第三方的专业的咨询公司设计专门的问卷,面向全球员工开展调查。此外,B 公司在整个公司范围内推行群策群力计划。群策群力的运作方式是员工的一种座谈会,邀请公司大约几十名到 100 名的员工参加,邀请公司外部的专业人员,如大学教授来启发和引导员工进行讨论,而员工的上司并不在场。

【问题】

1.A 公司的组织内部沟通出现了哪些问题?应该怎样改善这种情况?

2.B 公司内部运用了哪些沟通方式?这些沟通方式对公司的发展有什么好处?

【知识点链接】

沟通的分类:按沟通是否具有正式的组织系统分为正式沟通和非正式沟通;按沟通中信息流动方向分为:上行沟通、下行沟通、平行沟通、斜向沟通。按沟通所借助的中介或手段分类:口头沟通、书面沟通、书面口头混合沟通、非言语沟通、电子媒介沟通。按沟通过程中信息发送者与信息接收者的地位是否发生变化分为:单向沟通、双向沟通。

组织沟通的影响因素:(1)组织结构因素。①地位差别,组织成员间因地位不同而造成的心理隔阂被管理学者称为位差效应。有关的研究表明地位的高低对沟通的方向和频率有很大的影响,地位是沟通中的一个重要障碍。沟通双方地位很大程度上取决于他们的职位,由于地位和职位差别而产生的障碍也可歪曲信息的向上传递。②信息传递链,在信息传递的过程中每一个层次只对它的上一个层次负责。由于管理层次多,下情往往要通过重重关卡才能上达。况且被称为信息传递的永久冻土层的中层科室虽然最了解实际情况,但或是为了部门利益,或是迫于企业领导者威严,经常采取报喜不报忧的做法,对信息进行过滤,只有少部分来自基层的真实情报被送到领导那里,所以在信息沟通中就非常容易出现放大和缩小效应,导致信息失真。

(2)信息技术。一方面信息技术对沟通的信息量、速度都有积极意义,可以改善沟通的效果。但信息技术应用带来的信息过剩问题也会导致沟通结果的混杂和无序。

(3)企业文化。任何组织的沟通总是在一定的背景下进行的,受到组织文化类型的影响。企业的行为文化直接决定着员工的行为特征、沟通方式、沟通风格。而企业的物质文化则决定着企业的沟通技术状况、沟通媒介和沟通渠道。

(4)领导者风格。民主作风的领导会把部分权力授权给组织成员,并积极提倡组织成员之间相互交流,并商讨组织事务与决策,同时还关心他人,尊重他人,鼓励组织成员提出新意见、好想法。

实现有效组织沟通的技术:(1)明确组织沟通的重要性,正确对待组织沟通。为了充分调动企业员工的主动性、积极性和创造性,有效地解决员工与经理人员之间的信息沟通是必不可少的。只有企业的管理人员和普通员工都认识到沟通对提高组织业绩、实现和谐管理的重要意义,我们才能真正实现有效的组织沟通,提高企业整体管理水平。

(2)健全组织的沟通渠道,提高沟通效率。结合运用正式渠道和非正式渠道,减少沟通的层级。①结合运用正式沟通渠道和非正式沟通渠道。②减少沟通的层级,管理者在与员工进行沟通的时候应当尽量减少沟通的层级,越是高层的管理者越要注意与员工直接沟通。

(3)塑造有利于沟通的文化。

①塑造提供沟通机会的组织文化,首先要鼓励所有员工去思考并表达出来。②营造平等、理解、信任的组织文化氛围。组织成员之间也应相互承认,并尊重彼此的差异,促进相互理解。

【案例分析】

1.A 公司的组织内部沟通出现了哪些问题?应该怎样改善这种情况?

A 公司面临的问题表面上是销售低迷,实质原因是企业内部管理和沟通不力。组织结构设置不科学,权责不清,各部门之间的沟通没有总的协调部门;公司的沟通模式选用的是传统的链式沟通,这种模式一般适用于规模较小的企业,但这个公司的业务范围广,规模大,链式并不合适;A 公司的组织结构决定了企业的管理为人治而非法治,管理沟通过程中没有可以依据的制度规则,没有相应的管理沟通机制来规范跨部门沟通及对外沟通。

解决这些问题的根本对策是建立健全良好的沟通渠道,完善组织机制。A 公司的管理层应该明确组织沟通的重要性,充分调动企业员工的积极性,将各个部门的员工召集起来,大家一起畅所欲言。建立良好的内部沟通渠道:设立意见箱,使公司内的每一个员工都可以直接对话最高管理层,一旦他们的意见或建议被采纳,提议人将获得一定的奖励。建立内联网,建立自己内部的网站,在内联网上发布公司的政策、新闻以及相关信息,让每一位员工都了解到发生在身边的大小事,利用好内联网,势必会给企业带来收益,增加凝聚力,为企业的良好发展起到作用。

2.B 公司内部运用了哪些沟通方式? 这些沟通方式对公司的发展有什么好处?

(1)B 公司运用了大量有效的沟通方式,如网上交流、电话交流、面对面交流、便笺式交流、圆桌会议、全体员工会议、优秀员工座谈、大门敞开、员工大会、CEO 民意调查、群策群力等。B 公司运用的电话会议、圆桌会议等方式就是典型的正式沟通,在现实生活中大部分的公司也运用这样的方式与员工进行交流,传达上级的任务。这样的沟通方式严肃可靠,约束力强,沟通效果好,沟通信息量大并具有权威性,但沟通需要层层下达,速度较慢。非正式沟通是正式沟通不可缺少的补充,也是一个有效组织中不可能缺少的沟通方式,这种沟通方式传播速度快,但传递的信息不易控制。

(2)在案例中,B 公司也大量地运用了非正式沟通的方式,例如民意调查、优秀员工座谈会,这种方式能够及时有效地使员工和上层进行有效广泛的交流,最大程度上摆脱组织结构复杂对信息传递的负面影响,使上下级能够及时有效地进行沟通。虽然该公司非常庞大,但管理人员积极运用各种沟通手段打破这种限制,使公司上下各个岗位的人员都充分地了解公司的运营状况,让信息广泛且快速地在企业内部流通,对上级决策的实行和下级实行情况的反馈都非常有效。

(3)随着现代信息技术的发展,B 公司结合了传统沟通方式以及新兴的电子沟通媒介,使信息快速而准确地下达到各部门中,为企业的经营管理做出了重要的贡献。

通过运用以上沟通方式,对公司的发展表现在以下方面:

(1)B 公司健全了组织的沟通渠道,提高了沟通效率。它设立的各项沟通方式也在一定程度上打破了由于各种因素造成的沟通障碍。一是公司中实施的大门敞开策略,很好地消除了这种上下级的地位差别,让下层员工在任何时候都可以平等地与上级交流,保证信息的准确快速。二是信息传递链,由于公司内部机构庞大,信息往往要通过大量的部门才能够到达决策者手中,每经过一个人,信息就有可能产生误差,这种情况就会使决策者不能获得正确的消息。因此 B 公司广泛地进行横向交流,比如定期召开优秀员工大会、CEO 民意调查,使得底层人员也能够直接与上级沟通,提高信息的准确率和及时性。

(2)B 公司明确了组织沟通的重要性。通过各项政策使得企业内部产生一种以人为本的经营理念,使员工的新思想新意见都能够快速地到达管理者的耳中,也使得各部门之间信息流通完全自由,公司的内部信息最大程度上实现了共享。

(3)B 公司塑造了有利于沟通的文化。事实证明良好的企业文化必然有良好的沟通,而良好的沟通必然由其良好的企业文化所决定。领导者的民主作风也能够增强信息的流动性,使得员工更大程度上增强工作的积极性,关心企业的发展,增强企业的竞争力。实践证明良好的沟通能够使企业做大做强。

案例 11-6　这位经理该怎么做

一个周一的早上,希赛信息技术有限公司(CSAI)开发部项目经理李强来到公司时看到一群程序员正三三两两聚在一起激烈地讨论着,当他们看到李强走进来,立即停止了交谈。这种突然的沉默和冰冷的注视,使李强明白自己正是谈论的主题,而且看来他们所说的不像是赞赏之辞。

李强来到自己的办公室,半分钟后他的助手老赵走了进来。老赵在公司工作多年,和李强关系一直不错,所以说话总是很直率。老赵直言不讳地说道:"李经理,上周你发出的那些信对人们的打击太大了,它使每个人都心烦意乱。"

"发生了什么事?"李强问道,"在主管会议上大家都一致同意向每个人通报我们公司财务预算的困难,以及裁员的可能性。我所做的只不过是执行这项决议。"

"可你都说了些什么?"老赵显然很失望,"我们需要为程序员们的生计着想。我们当主管的以为你会直接找程序员们谈话,告诉他们目前的困难,谨慎地透露这个坏消息,并允许他们提出疑问,那样的话,可以在很大程度上减小打击。而你却寄给他们这种形式的信,并且寄到他们的家里。天哪!李经理,周五他们收到信后,整个周末都处于极度焦虑之中。他们打电话告诉自己的朋友和同事,现在传言四起,我们处于一种近于骚乱的局势中,我从没见过员工的士气如此低沉。"

对此,李强感到很震惊,同时他也陷入了沉思。

【问题】

李强在沟通中是否存在问题? 如果存在问题,那么如何进行有效的沟通呢?

【知识点链接】

沟通发生于"当一些人发出和接受信息,努力使他们自己的或别人的头脑中产生出意义的时候"。两个人或更多的人之间的准确沟通,只发生在双方分享经验、感知、思想、事实或感情的时候。内部和外部因素经常导致不准确的感知和无效的个体沟通。准确的个体沟通,并不需要双方意见一致。沟通的类型包括有下行沟通,指上级向下级进行的信息传递。平行沟通,指正式组织中同级部门之间的信息传递。书面沟通指采用书面文字形式进行的沟通,如各种文件、报告。口头沟通,指采用口头语言进行的信息传递。口头沟通是最常用的沟通方式。其优点是沟通过程中,信息发送者与信息接受者当面接触,有亲切感,并且可以运用一定的体语、手势、表情和语气、语调等增强沟通的效果,使信息接受者能更好地理解、接受所沟通的信息。通常还可以即时获得反馈意见,具有双向沟通的优点。

【案例分析】

李强的做法的确存在问题,他犯了两个错误。首先,他所寄出的信件显然未能成功地向员工们传达他的意图;其次,选择信件作为媒介来传递信息是不合适的。有时以书面的形式进行沟通很有效,而有时口头交流效果更好。

李强同许多人一样,倾向于回避口头沟通,因为对这种方式心存疑虑。遗憾的是,在这件事情上,这种疑虑恰恰阻碍了他选择正确的媒介方式来传递信息。他知道这一消息会使员工产生恐慌和不安的感觉。在这种情况下,李强需要一种能保证最大清晰度,并能使他和主管们迅速处理潜在危机的方法来传递信息。这时最好的做法是口头传达,这样可以及时了解到员工的反应,以便使大家达到正确的认识。而以信件的方式寄到员工家中的做法,无疑是个极大的错误。由此可以认识到,沟通在具体的管理工作中至关重要。而选择正确的沟通方式,对于沟通的效果会有很大的影响。在具体的情况下,需要选择不同的沟通方式,以达到最佳的沟通效果。

沟通是合作的开始,优秀的团队一定是一个沟通良好、协调一致的团队。没有沟通就没有效率。沟通带来理解,理解带来合作;同时,沟通也是一个明确目标、相互激励、协调一致、增强团队凝聚力的过程。一个团队不能有效地沟通,就不能很好地协作。团队没有交流沟通,就不可能达成共识;没有共识,就不可能协调一致,就不可能有默契;没有默契,就不能发挥团队绩效,也就失去了建立团队的基础。所以,有效沟通是建立高效团队的前提。那么如何进行有效沟通呢?在团队中,身为领导者,要能够善于利用各种机会进行沟通,甚至创造出更多的沟通途径。对于个体成员来说,要进行有效沟通,可以从以下几个方面着手:

第一,必须知道说什么,就是要明确沟通的目的。如果目的不明确,就意味着你自己也不知道说什么,自然也不可能让别人明白,自然也就达不到沟通的目的。第二,必须知道什么时候说,就是要掌握好沟通的时间。在沟通对象正大汗淋漓地忙于工作时,你要求他与你商量下次聚会的事情,显然不合时宜。所以,要想很好地达到沟通效果,必须掌握好沟通的时间,把握好沟通的火候。第三,必须知道对谁说,就是要明确沟通的对象。虽然你说得很好,但你选错了对象,自然也达不到沟通的目的。第四,必须知道怎么说,就是要掌握沟通的方法。你知道应该向谁说、说什么,也知道该什么时候说,但你不知道怎么说,仍然难以达到沟通的效果。沟通是要用对方听得懂的语言,包括文字、语调及肢体语言,而你要学的就是通过对这些沟通语言的观察来有效地使用它们进行沟通。

案例 11-7　双迟集团的困境

双迟集团创建于 1985 年,28 岁的张德向自己工作的研究所要了 3 万元钱,注册成立了双迟贸易公司,专营电子通信产品。经过初期的经营使得双迟贸易公司有了不少原始积累。1988 年,张德仁开始考虑将公司做大,经过充分考虑决定投资通信设备领域,并聘请研究所里比自己大 7 岁的同事李旭生担任公司总工程师,负责技术开发和工艺研究。从此,两个人的合作开始了。李旭生没有辜负张德仁的期望,产品开发和工艺设计都很成功,有了这一坚强的技术后盾,加上张德仁的市场打拼能力,双迟公司在通信设备制造领域成功地站稳了脚跟。公司的主导产品即大众消费产品"双迟"电话机受到市场的欢迎,市场份额日渐提高,公司的名气也不断提升。到 1988 年,公司在全国电话市场的份额已达到 60%以上,在行业中占据主导地位,成了行业的领头羊。李旭生在公司的地位也坚不可摧,有着绝对的权威。张德仁在这一领域终于取得了成功,双迟集团成了拥有90亿元总资产的大集团。

双迟集团的成功壮大可以说是一帆风顺的,张德仁和李旭生各自负责的一块都井井有条,当然两人都十分繁忙,也正是因为繁忙,使得两人很少有时间就企业的发展战略进行探讨。作为职业经理,张德仁对公司的发展战略有着自己的考虑,而李旭生从技术角度,对公司的长远发展也有着自己的想法,李旭生认为双迟集团一直是在自己的努力下发展壮大的,因此他在集团内有着很高的权威,而张德仁也十分尊敬他,以致他可以凌驾于公司之上,这也是双迟集团的特殊之处。1994年以来,张德仁和李旭生在许多方面开始出现分歧,主要表现在对公司管理和发展的观点上。由于李旭生对公司的卓越贡献,张德仁开始一直十分迁就他,甚至连已经宣布的决定也曾经收回过。面对这样的分歧,为了不至于和他产生矛盾而对公司发展不利,张德仁往往采取克制和容忍的态度。

1994年,经过9年的探索,张德仁和公司副总裁吴敏慢慢理出了"贸、工、技"的发展思路,他们觉得李旭生立项太多,几十个项目一起上,双迟的能力跟不上,技术无法变成钱。第一次冲突发生在1994年春节,吴敏提出设立总工办建立立项制度,定出研发的指导思想。吴敏当时明确提出研发"是不是应该有重点,一年是不是就做有把握的一两个重点项目"并和李旭生商讨。但是李旭生不同意。晚上,李旭生给张德仁打电话提出辞职,说:"总工我不当了,立项审批我不同意,成立,我也不同意。"第二天早上,李旭生和吴敏说了一遍。张德仁、吴敏很快妥协,对本来已经宣布的总工办主任,只好找个理由,收回任命。此次辞职事件,尽管以张德仁、吴敏的妥协告终,但吴敏还是坚持研发立项和审批权。

长期以来,双迟集团在技术上一直依赖李旭生,李旭生掌握着双迟集团技术上的命脉。客观地讲,李旭生在技术梯队方面的培养是失败的,公司没有能够在技术力量上形成梯队,更没有顶尖的技术骨干冒出来,而通信产品的更新相当快,缺少李旭生的双迟,似乎少了一条腿。双迟解聘了李旭生后一年来的运作并不成功,公司销售额在持续6个月的增长后,开始停滞不前,甚至略有下降。而市场竞争又十分激烈,不少跨国公司挤入了中国市场,不断有新品推出,虽然双迟多次调整策略,但缺乏对市场的了解与把握。眼看通过艰辛努力才占有的市场份额面临被瓜分的危险,双迟一筹莫展。

【问题】

试运用沟通理论分析双迟集团面临的困境、产生的根源以及改进的建议。

【知识点链接】

沟通是一个信息交流过程,有效的人际沟通可以实现信息的准确传递,达到与其他人建立良好的人际关系、借助外界的力量和信息解决问题的目的。但是由于沟通主客体和外部环境等因素,沟通过程中会出现各种各样的沟通障碍。为了达到沟通的目的,首先应认识到沟通中可能存在的障碍,然后采取适当的措施以避免障碍,从而实现建设性的沟通。所谓建设性沟通是指在不损害或改变人际关系的前提下进行确切的、诚实的沟通。它具有三个特征:(1)实现信息的准确传递。(2)人际关系至少不受损害。(3)遵守一些沟通原则,掌握建设性沟通的技能,最关键之处在于沟通双方在沟通中是否能够换位思考,也即是否能站在他人角度考虑问题。

【案例分析】

随着市场竞争的日益加剧,使得高级人才成了战略性的资源,双迟集团的李旭生就是典型的代表,成了双迟公司不可或缺的人才。但是在双方配合的过程中,却出现了难以为继的现象。分析双迟集团张德仁与李旭生之间的矛盾,主要由于三个方面造成。首先是双方沟通失败;其次是发生冲突后,未采取有效的措施,化解矛盾,使冲突达到了不可调和的地步;再次是张德仁没有建立起人才梯队方面的培养制度,使得公司在技术方面严重依赖李旭生,以至于李旭生离开后没有顶尖的技术骨干冒出来顶替李旭生的角色。综合分析,以上三点造成了双迟集团的困境的出现。

在本案例中,困境产生的根源在于:首先,张德仁是公司一把手,他更关心公司的盈利状况和自己在公司中的地位和影响力。而李旭生主要负责研发工作,在思维逻辑和处世方法上就会更注重实证的、数据性的东西,追求理性和准确分析。使得两人站的立场完全不一样,又缺乏沟通,以至于矛盾激化。其次,张德仁对李旭生的沟通原则,基本上是对李旭生的居功自傲采取了一味地忍让和妥协的方式。同时由于两人都十分繁忙,两人很少有时间就企业的发展战略进行探讨,以至于双方的工作理念、思维模式在长年累月的工作中大相径庭,相去甚远。

结合该案例的建议:管理层应该从根本上重视沟通工作,实施符合大局的决策,做好沟通协调工作,让更多的组织成员全面了解管理者行为的依据和目的,同时对于利益受损者要做好有效沟通,争取理解和认同,最大限度地将矛盾及时消除,实现组织的协调运行。在管理中,要从大局出发,不能盲目附和、盲目沟通,无原则的附和、妥协有损于组织的发展。要积极塑造平等、理解、信任的利于沟通的文化氛围。

案例 11-8　沟通贵在倾听

王先生是一位已有十年工龄的模具工,工作勤奋,爱钻研。半年前,王先生利用业余时间独立设计制作了一套新型模具,受到设计部门的嘉奖。为了鼓励王先生的这种敬业精神,当时的生产部主任赵主任特别推荐他上夜校学习机械工程学。从那以后,王先生每周有三天必须提早一小时下班,以便准时赶到夜校学习。这也是经原生产部赵主任特许的,赵主任当时曾说过他会通知人事部门。

然而,上周上班时,王先生被叫到现任生产部袁主任的办公室进行了一次面谈。袁主任给了他一份处罚报告,指责他工作效率低,尤其批评他公然违反公司的规定,一周内三次早退。如果允许他继续这样工作下去,将会影响其他员工。因此,袁主任说要对他进行处罚,并警告说,照这样下去,他将被解雇。

当王先生接到处罚报告时,感到十分委屈。他曾试图向袁主任解释原因,然而,每次袁主任都说太忙,没时间与他交谈,只告诉他不许早退,并要求他提高工作效率。王先生觉得这位新上司太难相处,心情十分沮丧。

【问题】

袁主任和王先生的沟通出现了什么问题,应怎么改善这种状况?

【知识点链接】

在个体沟通过程中,常会出现一些障碍,这些障碍往往会降低沟通效果,使之达不到预期的效果,严重时甚至可能使沟通过程中断。个体沟通中障碍主要表现为:过滤,故意操纵信息,使信息显得对接受者有利。人的认知因素直接影响沟通的效果,语言表达、判断力、知识水平等都有较大的影响。情绪、信息超载、态度、传递形式都会影响信息的传递。这些障碍具体表现为:距离(上级和下级之间的物理距离减少了他们面对面的沟通)、曲解(当一个人分不清实际和自己的观点、感受、情绪的界限时,就容易曲解信息)、语义(词语有多重含义、下意识联想等很容易造成语义障碍)、缺乏信任、不可接近性、职责不明确、个性不相容、拒绝倾听、沟通缺口等。改善个体沟通的技术需要改进沟通态度,提高语言表达能力,培养倾听的艺术。

【案例分析】

这则案例存在的最主要问题是王先生和袁主任出现了倾听障碍。作为一名刚上任的管理者,袁主任不仅要熟悉其工作环境,还必须深入下去了解情况,做好与下属的沟通,培养自己良好的倾听习惯。如果案例中袁主任抽一点时间来听王先生的解释,这样就可以避免因为一个错误的决定而挫伤员工的积极性和进取心,给公司利益带来不必要的损失。

倾听是沟通过程中的一个重要方面,与计划、组织、领导及控制等管理环节密切相关。要是口头沟通融洽有效,学会倾听是非常必要的。作为管理者要学会倾听,并且还要善于倾听,以随时了解员工的观点、意见及建议等。作为一名管理人员不仅要做好部门与部门之间的沟通,还要做好与上级的沟通,与下属的沟通,尤其在与下属的沟通中倾听下属的意见与建议是很重要的。在沟通中倾听对方的观点主要有以下几个方面的障碍:

1.沟通双方讲话速度与思考速度的差异造成曲解:在案例中,王先生在得知自己要受到处罚与警告后,当场没有反应过来是怎么回事的时候这场沟通就已经结束了,说明王先生对这位新主任的做事风格还不是很了解,没有及时反映自己的特殊情况下,这位新主任就果断地下了对员工的处罚决定,这样难免会在这场沟通中没有起到沟通的效果,也没有达到真正沟通的目的,相反还起到了反作用。

2.武断:急于表达自己的观点。许多人认为只有说话才是表白自己、说服对方的有效方式,若要掌握主动,便只有说。在这种思维习惯下,人们容易在他人还未说完的时候,就迫不及待地打断对方,而不去听别人对这件事的看法。在袁主任看到王先生一周早退记录后,没有及时去人事部门了解情况就找王先生谈话,并且在谈话中也没有给王先生申辩的机会,处罚决定就已经下了,这样的处事风格的确太过武断。

3.拒绝倾听:人们习惯于关注自我,总认为自己才是对的。在倾听过程中,过于注意自己的观点,喜欢听与自己观点一致的意见,对不同的意见往往是置若罔闻,这样往往错过了聆听他人观点的机会。在整个案例中,都没有看到王先生对此事的一点看法,都是袁主任在处罚与命令。王先生违反了公司规章制度,一周早退三次,袁主任认为事实已经很清楚,没有必要再去为这些小事浪费时间,所以在这次沟通后,王先生试图与袁主任就此再次进行沟通,说明自己早退的真正原因,但是都被袁主任拒绝了,其实袁主任觉得王先生只是为自己的错误找一个合理的借口，而并不是向他告诉事情的真相。在心理上，袁主任是排斥别人的建议与想法的，这是在沟通中的又一个倾听障碍。

可以看出，这是一次非常不成功的沟通案例，沟通中袁主任犯了多次明显的错误，所以才造成了这次看似非常小的错误，但是其后果还是比较严重的事实。袁主任这次的错误大部分是由于不善于倾听而造成的，因此他应当培养倾听的艺术。积极的倾听需要管理者将自己放在员工的位置换位思考。换位思考是人对他人的一种心理体验过程。将心比心、设身处地是达成理解不可缺少的心理机制。它客观上要求我们将自己的内心世界，如情感体验、思维方式等与对方联系起来，站在对方的立场上体验和思考问题，从而与对方在情感上得到沟通，为增进理解奠定基础。

案例 11-9　沟通的教训

某公司分管生产经营副总经理得知一较大工程项目即将进行招标，由于采取向总经理电话形式简单汇报未能得到明确答复，使这位副总经理误以为被默认，因而在情急之下便组织业务小组投入时间和经费跟踪该项目，最终因准备不充分而成为泡影。事后，在总经理办公会上陈述有关情况时，总经理认为副总经理"汇报不详、擅自决策、组织资源运用不当"，并当着部门面给予他严厉批评。而副总经理反驳认为是"已经汇报、领导重视不够、故意刁难，是由于责任逃避所致"。由于双方信息传递、角色定位、有效沟通、团队配合、认知角度等存在意见分歧，致使企业内部人际关系紧张、工作被动、恶性循环、公司业务难以稳定发展。

【问题】

该案例中副总经理与上级的沟通存在问题吗？主要表现有哪些？总经理的行为存在问题吗？两人应该做出什么改进？

【知识点链接】

上行沟通指下级向上级进行的信息传递，如各种报告、汇报等。上行沟通是领导了解实际情况的重要手段，是掌握决策执行情况的重要途径。所以，领导不仅要鼓励上行沟通，还要注意上行沟通的信息真实性、全面性；防止报喜不报忧的现象。

下行沟通指上级向下级进行的信息传递，如企业管理者将计划、决策、制度规范等向下级传达。下行沟通是组织中最重要的沟通方式。通过下行沟通才可以使下级明确组织的计划、任务、工作方针、程序和步骤。通过下行沟通还可以使职工感到自己的主人翁地位，从而激发他们的积极性。

【案例分析】

这是一个上下级没有有效沟通的典型案例。从副总经理方面看，第一，他忽略了信息组织原则，在得知企业有一个很大机会的时候，过于自信和重视成绩，在掌握对方信息不足及总经理反馈信息不足的情况下盲目决策，扩大自己的管理幅度，并没有有效地对人力资源信息进行合理分析，发挥企业最强的竞争优势致使准备不充分谈判失败。第二，他忽视了正确定位原则,作为分管副总经理,没有努力地去争取上级总经理的全力支持,仅凭自己的主观和经验,而没有采取合理有效的分析,拿出具体的实施方案获得批准,使总经理误以为抢功心切,有越权之嫌疑。第三,他没有运用好沟通管道。事后对结果没有与总经理提前进行面对面及时有效沟通和总结,而是直接在总经理会议上表达自己的想法,造成总经理在不知情的情况下言语误会,导致了企业内部的关系紧张。

而该事件的另一主体总经理作为决策者的身份也犯了一些严重的沟通错误,导致了企业的凝聚力下降,企业经营业绩不佳。主要表现有:第一,总经理缺乏同理心倾听。沟通是双方面的,当副总经理给总经理电话汇报工作方面信息时,总经理没有核查对他所传达信息的理解,也没有积极地回应,从而让副总经理以为默认做出不正确判断。事后,副总经理给总经理陈述他的想法时,总经理也没有认真从他的角度去倾听他的工作思路,只是主观地认为是他的过失,导致后来把这种负面情绪带到整个组织中。第二,总经理缺少对下属员工的理解和信任。沟通的有效性又一次遭到破坏。如果双方都处在一个公平的位置进行沟通,总经理就不会当着下级部门对副总经理进行严厉批评,挫伤自尊和积极性。这样双方就会在整个沟通过程中保持坦诚,并以换位思考的方式把自己放在对方的位置上,而采取宽容包涵对方的这次过失,以鼓励其在以后的工作中汲取教训更努力地工作。第三,总经理缺少建立有效团队技巧。在总经理办公会争执后,企业的小领导班子里起了小小的波澜,但是总经理没有及时采取适当方法去构建和谐团队,而是听之任之,不和下属员工交流,使事态进一步扩大。

沟通也是一个互动的过程,实现有效沟通需要沟通双方共同努力。基于上述事件的分析,沟通双方可以在以下几个方面作出改进:

1.副总经理方面:

(1)在沟通前作好信息准备工作。这些信息包括电话汇报、翔实的书面汇报、经营分析、因素分析、可行性分析、经费分析、总结分析等报告,做到有备而战。

(2)改进和完善沟通方式。除电话请示汇报外,可以采取面对面或者进一步的书面分析汇报材料,供决策及反馈。作为下级,应事先及时与总经理对投标失误进行沟通,争取理解,而不该在办公会上让双方下不了台。

(3)自我认知度的加强。由于公司是一个整体,要及时进行角色的换位思考,从总经理角度去想每件事的正确与否,及时调整自己的位置作出相应的工作对策。同时由于角色转换,不应过分依赖以往成就,而更多的是应该以创新方式从对方的心态去尝试配合好总经理工作。

2.总经理方面:

(1)对下属更加宽容,减少指责。作为主管领导,应对事不对人,不能在下属已经犯错误或者失误的情况下,再去过于指责,导致人心涣散,影响团队稳定性和团队效应的发挥。

(2)同理心和倾听技巧的培养。作为领导,不能过于看重自己的权力。不能让员工在惧怕或者防备的状态中工作,而更多的是从对方角度倾听来自不同方面的建议,以便更好地改进工作和机制。

第 12 章　控制

案例 12-1　天安公司的控制管理创新

天安公司是一家以生产微波炉为主的家电企业。2005 年该厂总资产 5 亿元,而 5 年前,该公司只不过还是一个人员不足 200 人,资产仅 300 万元且濒临倒闭的小厂,5 年间企业之所以有了如此大的发展,主要得益于公司内部的管理创新。主要是:

第一,生产管理创新。公司对产品的设计设立高起点,严格要求;依靠公司设置的关键质量控制点对产品的生产过程全程监控,同时,利用 PDCA 和 PAMS 方法,持续不断地提高产品的质量;加强了员工的生产质量教育和岗位培训。

第二,供应管理创新。天安公司把所需采购的原辅材料和外购零部件,根据性能、技术含量以及对成品质量的影响程度,划分为 A、B、C 三类,并设置了不同类别的原辅材料和零部件的具体质量控制标准,进而协助供应厂家达到质量控制要求。

第三,服务管理创新。公司通过大量的市场调研和市场分析活动制定了售前决策,进行了市场策划,树立了公司形象;与经销商携手共同为消费者提供优质服务;公司建立了一支高素质的服务队伍,购置先进的维修设备,建立消费者投诉制度和用户档案制度,开展多种形式的售后服务工作,提高了消费者满意度。

【问题】

1.案例中的控制类型有哪些? 请分别指出,并说出各自的特点。

2.天安公司"设置不同类别的原辅材料和零部件的具体质量控制标准"属于哪类控制标准? 为什么?

3.案例中"公司所设置关键质量控制点",体现了有效控制原则中的哪一项? 为什么?

【知识点链接】

控制工作可以划分为前馈控制、现场控制和反馈控制。前馈控制是一种在计划实施之前,为了保证将来的实际绩效能达到计划的要求,尽量减少偏差的预防性控制;现场控制是在某项活动或工作进行过程中,于现场及时发现存在的偏差或潜在的偏差,及时提供改进措施以纠正偏差的一种控制方式;反馈控制是控制作用产生于行动之后的一种常见的控制类型。

控制标准是从整个计划方案中选出的对工作成效进行评价的关键指标。

控制的职能就是使工作按照计划的进度表向预定的目标前进。为了达到有效控制的目的,在建立控制系统时必须遵循相应的原则,即有效的控制原则。

【案例分析】

1.案例中的控制类型有哪些?请分别指出,并说出各自的特点。

第一,天安公司为了保证产品的优质性,"公司对产品的设计设立高起点,严格要求";为了对采购的原辅材料和零部件进行质量管理,天安公司"设置不同类别的原辅材料和零部件的具体质量控制标准""加强了员工的生产质量教育和岗位培训";为了做好售前服务工作,公司"通过大量的市场调研和市场分析活动制定售前决策",这些都属于前馈控制。

前馈控制的目的是保证高绩效,是一种预防性、面向未来的控制,它的工作重点是克服某些干扰或适应环境的变化,提前采取各种预防性措施。这种控制具有防患于未然的效果,适用范围很广,易于被职工接受并付诸实施的特点。但是由于未来的不确定性,建立有效的前馈控制的模式需要大量及时准确的信息,以及高素质的专业管理人员,因此,在管理工作中,它也不能完全代替其他类型的控制工作。

第二,"依靠公司设置的关键质量控制点对产品的生产过程全程监控,同时,利用PDCA和PAMS方法,持续不断地提高产品的质量",这属于现场控制。

现场控制能及时发现偏差,及时纠正偏差,是一种较经济、有效的控制方法。但对管理者的素质、精力、应变能力,组织的信息网络设备、技术要求较高,因此实施难度较大。同时现场控制的应用范围较窄,也容易在控制者与被控制者之间形成心理上的对立,所以,它一般不能成为日常性的主要控制方法,而只能是其他控制方式的补充。

第三,天安公司为了做好售后服务工作,"建立一支高素质的服务队伍,购置先进的维修设备,建立消费者投诉制度和用户档案制度",这属于反馈控制。

反馈控制可以根据实际结果对工作进行评价,因而它既易被工作人员接受,调动员工的积极性,也有利于管理人员改进管理工作。但这种控制存在时间的滞后性,尽管如此,它仍然是一种常见的控制类型。

2.天安公司"设置不同类别的原辅材料和零部件的具体质量控制标准"属于哪类控制标准?

控制标准可以分为定量和定性两大标准。定量标准包括实物标准和价值标准。实物标准是企业在耗用原材料、能源、雇佣劳动力,以及生产产品质量、性能和用途等方面的标准;价值标准是反映组织经营状况的指标。定性标准主要是有关产品和服务质量、顾客满意度、组织形象等方面的衡量标准。

天安公司是根据原辅材料和零部件的性能、技术含量以及对成品质量的影响程度,从而"设置不同类别的原辅材料和零部件的具体质量控制标准",因而它属于定量标准中的实物标准。

3.案例中,"公司所设置关键质量控制点",体现了控制原则中的哪一项?为什么?

重点原则是指任何组织都不可能对每一件事情进行全面控制。组织在建立有效控制时必须从实际出发,对影响组织目标成果实现或反映工作绩效的各种要素进行科学的分析研究,从中选择出关键性要素作为控制对象,并进行严格的控制,其他方面则相对放松控制。

天安公司"设置关键质量控制点"以保证对产品质量的控制就是在确定了重点的控制对象后,在产品质量控制相关环节上建立了关键控制点,体现了控制原则中的重点原则。

案例 12-2　桂林机务段的安全事故隐患

桂林机务段是隶属于铁道部柳州铁路局的一个基层单位,拥有职工 1300 人,担负着柳州—永州区段的列车牵引任务。该段有两大主要车间:运用车间和检修车间。运用车间负责 76 台内燃机车的牵引任务,共有正副司机 700 多人。检修车间负责全段机车的检修任务,共有职工 200 多人。段长张广明毕业于上海交通大学,在该段工作近 30 年。2004 年 11 月 3 日,全段实现了安全运输生产 8 周年,其成绩在全局名列前茅,因此段长召开了全段庆功大会,并请来了局里的主要领导。可是会开到一半,机务处打电话给局长:桂林机务段司机由于违反运输规章,造成冒进信号的险性事故。庆功会被迫停开,局长也阴沉着脸离开会场。其实段长早感觉到存在许多安全隐患,只是由于该段安全天数较高,因此存在着麻痹思想。他连夜打电话通知各部门主任,查找本部门的安全隐患,第二天召开全段中层干部会议,要求各主任会上发言。会议在严肃的气氛中召开。段长首先发言:"这次发生险性事故主要责任在我,本人要求免去当月的工资和奖金,其他段级领导每人扣 400 元,中层干部每人扣 200 元。另外,我宣布原主管安全的副段长现分管后勤,他的职务暂时由我担任。"

随后,各段长进行发言。运用车间主任说:"这次事故主要是由于司机严重违反规章操纵所致。其实车间一直努力制止这种有章不循的现象,但效果一直不明显。主要问题是:第一,司机一旦出车,将会离开本单位,这样车间对司机的监控能力就会下降;司机能否完全按章操纵,基本上依靠其自觉程度,而司机的素质目前还没有达到这种要求。第二,车间共有管理干部和技术干部二十多名,我们也经常要求干部到现场,但由于司机人数较多,并且机车的利用率很高,因此对司机的监控具有很大的随意性和盲目性。第三,干部中好人现象严重。干部上车跟乘时,即使发现司机有违章操纵行为,也会替其隐瞒,使司机免于处罚。"

检修车间主任说:"这次事故虽然不是由于机车质量造成的,但是检修车间还是存在很多安全隐患。首先,职工队伍不稳定,业务骨干时有跳槽。因为铁路局是按照机修车间定员 160 人发工资,而检修车间现员 230 人左右,超员近 70 人,这样摊到我们头上的工资就很少了,这是职工不稳定的主要原因。"

检修主任继续说:"火车提速后,对机车的质量要求更高,而我段的机车检修水平目前还达不到这种要求。第一,机车的检修作业标准较为过时,缺乏合理性、实用性、可控性。工人按此标准,劳动效率不高,而且漏检漏修现象时有发生。第二,车间的技术人员多是刚毕业的大学生,虽然有理论知识基础,但解决实际技术问题的能力不强。第三,对发生率较高的机车故障难题一直没有解决好。"

教育主任说:"这次事故反映了我段职工素质不高。目前,我段的职工培训工作开展不是很顺利,各车间都以生产任务繁重为由不肯放人脱产学习。因此,每年的职工脱产学习计划很难得以实现。另外,每年一次的职工业务考试没有起到真正督促职工学习的作用。考试结束后只是将成绩公布,对职工考试成绩一视同仁。"

人事主任说:"这次事故从某种意义上说是由于司机疲劳所致,因为现在的司机经常请假,造成司机人手不够。因此司机连续工作,休息时间不能得到保证。司机经常请假的原因是由于吃大锅饭造成的,干多干少一个样。"

段长说:"几位主任讲得都很好,将我段管理上存在的一些弊病都找出来了,会后各有关部门要针对这些弊病迅速制定整改措施。我相信,只要我们共同努力,工作的被动局面会很快扭转的"。

【问题】

1.事故发生后段长的一系列做法说明了什么?

2.对会上几位主任的发言中所提到的难题,有什么解决办法?

【知识点链接】

为防止事故的发生,一般要求做好事前控制。而事前控制应以制定的标准为依据,如果标准仅仅变成了一种形式,那么结果可能会导致事故发生或者是存在诸多事故隐患。而一旦事故发生,尽管比较被动,但仍应该采取必要的纠正措施,以防止产生更大的负面影响和杜绝新的事故的发生。

控制的程序主要包括控制标准、衡量绩效、纠正偏差三个步骤。制定标准是测定绩效的基础、纠正偏差的依据。控制标准可以分为定量标准和定性标准;还可以分为国际标准、国家标准、行业标准及企业标准。制定控制标准方法有统计分析法、经验估计法、工程方法。衡量绩效的任务是将实际工作绩效与控制标准相比较,发现二者的偏差,以利于对实际工作做出客观的评价。纠正偏差的任务是根据业绩衡量的结果,采取管理行动,保证组织目标的实现。

【案例分析】

1.事故发生后段长的一系列措施说明了什么?

事故发生后,段长采取了一系列措施,是一种事后控制的举动,其目的是从已经发生的事故中吸取教训,亡羊补牢,未必晚矣。特别是段长对责任事故的处理体现了制度的严肃性和事故的主要责任人在管理者的思想。

2.对会上几位主任的发言中所提到的难题,有什么解决办法?

对运用车间主任所提出的安全事故责任制度有章不循的现象,可以考虑从几方面同时着手来抓。首先是从制度的完善性来抓,除制定有关规章制度,更重要的是要保证制度的贯彻执行,如通过制度将安全事故与工资奖金等直接挂钩。其次,注重提高操作人员的自身素质和修养,加大安全文化建设力度,使制度约束与文化氛围有机地结合,从而形成一种安全习惯。再次,加大对管理者的责任追究力度,将员工的责任与管理者直接挂钩,杜绝管理者有制度不依、人情重于制度等不良行为。

检修车间主任所提出的导致事故产生的另一因素——人员流失,特别是专业人才的流失问题,一定程度上讲,这是许多企业面临的问题,但针对案例中的特定情节来看,这是可以避免的或者说是可以解决的问题。我们可以将多余的人员组织起来,利用本企业的特殊优势开展多种经营活动。这样,可以更好地保证专业技术人员的工资福利水平,通过激励机制留住人才。而目前检修技术不过关问题,可以考虑通过引进技术、设备,提高检修水平,同时,通过老带新或送出去学等多种途径尽快地提高年轻骨干的实际工作经验和业务水平。

教育主任和人事主任的发言,则从更高一个层次提出了从长远出发,企业应该注重员工的培训和用人制度的改善,将员工培训作为人力资源管理的重要内容来抓。事实上,现实经济生活中,许多知名企业和成功的企业,其员工培训已经成为人力资源管理的基础性工作,定期或不定期的多种形式的员工培训是人力资源规划工作的最主要部分。而用人制度的完善,应该着眼于动态的能力与岗位的对应,彻底打掉大锅饭思想和干多干少一个样的习惯,体现多劳多得,不劳动者不得。

案例 12-3　大都会航空公司的客舱保养管理

大都会航空公司对客舱保养员工的工作十分不满意,他们在航班交替之际把客舱打扫得并不干净,而且按一般规定,他们每天要清洁 50 架次飞机,可他们只收拾了 40 架次。

【问题】

如果你是客舱保养员的主管,怎么才能更好地控制这项工作?

【知识点链接】

控制的程序主要包括控制标准、衡量绩效、纠正偏差三个步骤。制定标准是测定绩效的基础、纠正偏差的依据。控制标准可以分为定量标准和定性标准;还可以分为国际标准、国家标准、行业标准及企业标准。制定控制标准方法有统计分析法、经验估计法、工程方法。衡量绩效的任务是将实际工作绩效与控制标准相比较,发现二者的偏差,以利于对实际工作做出客观的评价。纠正偏差的任务是根据业绩衡量的结果,采取管理行动,保证组织目标的实现。纠正偏差的措施分为:(1)改进实际绩效。如果偏差由于绩效的不足而产生,应采取纠正行动。(2)修订标准。标准不一定都是合理的,而且目标还需要在实现过程中进行调整。这时候,工作的偏差可能来自不实际或不合理的标准,应该注意的是标准,而不是工作绩效。不要轻易降低标准,可能会降低工作绩效。

【案例分析】

(1)从程序上来讲,主管应首先对偏差产生的原因进行调查分析,再按这些因素的重要性分别采取纠正措施。(2)从纠正措施的内容看,主管可以从如下三个角度处理问题:①从绩效的主观角度。若偏差是由于员工的工作绩效不好产生的,主管可以通过挑选、培训、指导、激励等工作使他们做得更好。②从绩效的客观角度。航班交接的时间是否充足到可以打扫干净?清洁工具是否有效率?现行的清洁工作程序是否合理?如果答案是否定的,则应采取措施改进。③从标准角度。数量标准是否过高?比如每天减少为清扫45架次;质量标准是否太严、是否具体明确?什么才叫干净?考虑对标准进行修订。

第13章 变革、创新与发展

案例 13-1 A 企业的组织变革的成败

A 企业是内陆某地级市的一家民营企业,从事制水机产品生产和销售。起初,A 企业主要组织自身力量进行销售。管理、销售人员多年龄偏大,思想守旧。经过一段时间的市场推广后,一年的销售额不过几百万元。总经理经过一番论证和思考,决定从外部引进"空降兵"。"空降兵"很快把持营销总经理、销售总监、市场总监、售后服务部总监以及驻外机构经理等要职。无论在职位上,还是在待遇上,"空降兵"的到来打破了原来固有的平衡。原有势力与"空降兵"之间的摩擦不断。为了给予"空降兵"们更多的支持,总经理更多的是打压原有势力,试图给"空降兵"更多的话语权和可执行空间。在总经理的支持下,这一职业团队在经过短暂的熟悉情况和相互磨合之后,销售网络面向全国全面铺开,展开了强大的攻势。在全国派出办事机构,设立几个大区,大区下面设立省级办事机构。这一年的上半年,A 企业从代理商那里回款 2000 多万元,表面一派盛世景象。然而,到了下半年,A 企业内部潜伏的危机开始显露出来。企业的实力还不足以支持其全国范围组建销售网络,销售费用较高。消费者对产品不了解,加之制水机价格过高,市场根本没有启动。"二次销售"成为摆在企业面前的一道难题,而 A 企业已经没有更多的资金来重新启动市场。最终,"空降兵"选择了离开,原有势力重掌大权。A 企业撤销了大区建制,实施跨省级办事机构承包制,总部不再有营销费用的投入,更多的是依靠各地办事机构的自我生存和发展。目前,A 企业还在艰难地挣扎着。

【问题】

分析 A 企业组织变革先成功后失败的原因?

【知识点链接】

组织变革是组织为适应内外环境及条件的变化,对组织的目标、结构及组成要素等适时而有效地进行各种调整和修正。组织变革是组织保持活力的一种重要手段。帮助组织成功地实施变革的方法有:

1.找到组织真正需要变革的原因并使得员工相信这个原因。如果组织没有出现危机,或者组织中的成员没有危机意识,要他们积极参加变革是比较困难的。变革的发动者要想赢得成员对变革的投入和支持就要在组织成员中树立一种危机意识,必要的时候,着重宣传组织中的问题,把问题放大,增强成员的危机意识。

2.主动寻找适合变革需求的构思。寻找沟通通常的途径是:与管理人员交谈、指派一个任务小组专门研究变革问题、向客户和供应商发出征求构思的信函、向普通员工征求构思方案等。寻找构思的过程,也是让员工积极参与变革的好机会。

3.赢得高层的支持。成功的变革需要组织最高管理人员的支持。对于重大变革,如组织架构调整,组织的负责人必须给予支持和鼓励。对于一些小的变革,也需要相关部门的领导支持。例如财务部门要想减少坏账,就需要销售部门领导的积极支持。

4.实行渐进式变革。历史经验证明,渐进式变革往往比突变式变革更容易成功,因为它减少了改革的阻力,中国改革的成功就是渐进式改革成功的典型案例。组织也可采用在局部先试点变革项目,积累成功经验后再推广变革的做法。

5.采取措施克服变革阻力。主要方法有:(1)沟通和培训。沟通和培训能够给员工提供变革需求和变革预期结果的信息,能有效防止谣言、误解和愤恨。(2)参与。尽早和深入的参与往往给员工一种控制变革的感觉。他们会认为变革是自己的事情。这样,他们往往可以很好地理解变革,他们会对变革实施作出更多的承诺。(3)采用强制手段。这是一般不建议采用的方法,但是当组织变革的速度非常重要时,利用权力采取强制手段如裁员,往往也是必要的。

6.设立变革团队。企业可以设立独立的创新部门或者风险团队,他们的任务就是不断创新变革。另外可以设立专门的组织来检查变革实施效果如何。有些企业的做法是成立专门的管理变革部。也可把这些职能交给战略部门或综合管理部门。

【案例分析】

1.成功的原因分析:

(1)A 企业的产品推广一年后的销售额不佳,找出了需要变革的原因是管理、销售人员多是年龄偏大,思想守旧。

(2)A 公司为了组织变革成功,决定从外部请来"空降兵",设立专门的变革团队,希望把企业做大,革除一些明显不合时宜的人和事。

(3)能够赢得高层的支持,对变革成功至关重要。变革初期,总经理给予"空降兵"们更多的支持,打压原有势力,给"空降兵"更多的话语权和可执行空间。

在变革前期,"空降兵"在总经理的支持下,进行组织架构调整、市场网络建设、样板市场打造和销售回款等为 A 企业赢得了短暂的"辉煌"。

2.失败的原因分析:

(1)在采取措施克服变革阻力上,总经理的态度不强硬。对于形成阻碍变革的原有势力,没有清除干净。A 企业总经理对于原有势力,即他明的是在极力打压,暗的则是"留情留义"。在变革后期,"空降兵"无法再与总经理保持利益一致,相反,倒是碌碌无为、一贯保守的原有势力与总经理取得了一致。

(2)失去了高层的支持也是变革难以坚持下去的重要原因。A 企业的改革是必然的,组织变革一旦启动,就应该坚定不移地执行下去,遇到资金等困难,应该设法去匹配,而不是采取消极的退缩举措。

(3)由于"空降兵"并非个个精英,个别能力不足、作风不正、暗箱操作的人员影响了团队的整体形象。"空降兵"在没有受控的情况下,迅速转变成消极力量,进而影响到总经理对整个空降兵团队的基本判断和认识。出现这些的问题的首要责任,应该由"空降兵"团队自身来承担,但也反映了企业对变革实施效果没有检查和对变革团队没有监督。

案例 13-2　小天鹅的创新管理

　　1989 年的小天鹅厂是一个亏损企业,1985—1989 年先后换了几届领导。1997 年初,小天鹅打算兼并国内一家大洗衣机厂,扩大占有率。但是春节一过,情况骤变,国际跨国大公司纷纷来华"接轨",兼并很可能成为包袱。于是决策层立即动员员工进行评估:企业的危机及其恶化的程度如何,承受能力如何。53％的职工认为应调整战略,51％的干部认为应该兼并。这时企业董事会及时分析了利弊,指出了企业应有末日感,兼并在短期之内是好事,但是面对复关的现实,要看家电行业的弊病,搞单项经营风险大。他们认为,市场经济的核心就是竞争,市场有竞争但无"末日",而企业有"末日",产品也有"末日",他们把这个观念从上到下灌输,末日意识唤起了小天鹅的清醒。俗话说得好,"经过严冬的人才知太阳的温暖",经过"末日"洗礼的"小天鹅"更加感到推行"末日管理"的重要。由于小天鹅人心里充满了危机感,在企业内推行"末日管理",所以每个职工都有压力,都去拼搏。决不沉湎在"自己比自己"的欢乐中,勇于正视现实,坚持进行横比,既与同行比,也与国际先进企业比。唯有如此,越比越感到"末日来临",越比越感到不能满足。面对消费者,面对竞争,"小天鹅"人深知从来就没有救世主,企业经营者将这些观念时刻向职工们灌输。古话说得好,"上下同欲者胜"。公司内部正广泛寻找产品质量上的差距,力求改进,保持市场占有率,警惕走自己打倒自己的路。

【问题】
运用组织创新理论分析小天鹅是如何进行创新管理的?

【知识点链接】
组织创新分为管理创新和制度创新。

企业制度创新,就是指随着社会的发展,要不断对企业制度进行变革,因而通常也可以称之为企业制度再造。现代企业制度创新是为了实现管理目的,将企业的生产方式、经营方式、分配方式、经营观念等规范化设计与安排的创新活动。企业制度创新的目的是建立一种更优的制度安排,调整企业中所有者、经营者、劳动者的权力和利益关系,使企业具有更高的活动效率。

管理创新是指组织形成创造性思想并将其转换为有用的产品、服务或作业方法的过程。一般来说,管理创新过程包含四个阶段:第一阶段,对现状的不满;第二阶段,从其他来源寻找灵感;第三阶段,创新;第四阶段,争取内部和外部的认可。

【案例分析】
小天鹅在管理创新上,经历了四个阶段:
1.第一阶段,对现状的不满。"末日管理"是指企业经营者和所有员工面对着市场和竞争,都要充满危机感,都要理解企业有末日,产品有末日,既不能把宏观的不景气作为自己搞不好的理由,也不要陶醉在一度的"卓越"里。

2.第二阶段,从其他来源寻找灵感。在面临危机的时候,公司上下商讨对策,董事会及时分析找出了企业要有危机意识。

3.第三阶段,创新。小天鹅公司推行"末日管理",确立目标,实施方案,对各岗位的工作权限做出要求,做出规定,创新了管理方式,让每一个小天鹅人都具有危机意识,追求完善。创新的组织是谋取竞争优势的利器。企业要发展必须要进行创新,小天鹅公司正是凭借管理创新,才使得自己走出危机,越走越快,继续谋求更快的发展道路。

4.第四阶段,争取内部和外部的认可。由于小天鹅人心里充满了危机感,在企业内推行"末日管理",所以每个职工都有压力,都去拼搏。小天鹅通过"末日管理"的方式,使得企业走出危机。

此外,小天鹅的"末日管理"模式还体现在制度创新。企业制度主要包括产权制度、经营制度和管理制度三个方面。而小天鹅公司主要是从管理制度方面进行创新的。组织创新的目的在于更合理地组织管理人员的努力,提高管理劳动的效率。小天鹅公司的规范管理,对员工以及管理者都做了严格的规定。

案例 13-3　得利斯集团构建学习型组织

得利斯集团总裁郑和平酷爱读书,每每看到精彩的文章,总要推荐给员工。一次,某杂志"名牌列传"专栏刊载的一篇文章《"同仁"最是真》引起他的共鸣,郑总一连在15处文字下划了着重号。这些内容集中反映在:做精品要严格规范,精益求精;做事要兢兢业业,埋头苦干;做人要认认真真实实在在……郑总认为同仁堂造药,得利斯造食品都是吃的东西,都是关系到人的身体健康的东西,两者具有很多相似之处。郑总对这篇文章不仅自己阅读研究,而且向全体员工推荐,他希望这篇文章对全体员工有所启示。

下面是郑总对此文章划重点号的部分内容以及他的批示。

《"同仁"最是真》成药配方独具特色,药材炮制可谓一丝不苟,紫血丹的配方需用金锅银铲,乐家老太收集了各房的金首饰100两,放在锅里煮,日夜守候着。一次,老板服用本堂生产的银翘解毒丸时,口感有渣滓,便一追到底,发现是笸底的细绢并丝,造成笸目过大,他当场用水果刀划破所有笸底,令工人更换……

俗话说:字要习,马要骑,拳脚要踢打,算盘要拨拉,久练即熟,熟能生巧……同仁堂选料是非上乘不买,非地道不购。……火候不济,功效难求,火小了,香出不来,香入脾;如果火大,炒焦了,焦气入心经,所以又有火候太过,气味反失一说。一颗牛黄上清丸就有100多道工序,药真工细,同仁堂一等品出厂达标率达100%。

"炮制虽繁必不敢省人工,品味虽贵必不敢减物力。"……同仁堂人也琢磨同仁堂老而不衰的谜,说法不一,却有一点共识:传统也罢,现代也罢,兢兢业业,一丝不苟的敬业精神,啥时都重要。一位女工出远门回来后写道:"我深深懂得,踏踏实实工作,认认真真做人,才是最根本的,因为我的根基在同仁堂!"

批语:"同仁堂造药,得利斯造食品,都是入口的东西,但愿《"同仁"最是真》这篇文章能给我们的员工一点启示!"

【问题】

1.构建学习型组织对企业的领导者提出了什么要求?

2.学习型组织中员工的角色发生了什么样的变化?

【知识点链接】

学习型组织理论认为,在新的经济背景下,企业要持续发展,必须增强企业的整体能力,提高整体素质。学习型组织是指在这种组织中,个人、团队和组织是学习的三个层次,他们在由组织共同愿景所统领的一系列不同层次的愿景所引导和激励下,不断学习新知识和新技能,并在学习的基础上持续创新,以实现组织的可持续发展和个人的全面发展。学习型组织是通过培养弥漫于整个组织的学习气氛,充分发挥员工的创造性思维能力而建立起来的一种有机的、高度柔性的、扁平化的、符合人性的、能持续发展的组织。

【案例分析】

1.构建学习型组织对企业的领导者提出了什么要求?

在学习型组织中,领导者是设计师,仆人和教师。领导者的设计工作是一个对组织要素进行整合的过程,他不只是设计组织的结构和组织政策、策略,更重要的是设计组织发展的基本理念;领导者的仆人角色表现在他对实现愿景的使命感,他自觉地接受愿景的召唤;领导者作为教师的首要任务是界定真实情况,协助人们对真实情况进行正确、深刻的把握,提高他们对组织系统的了解能力,促进每个人的学习。具体来说,要求企业的领导者有远见,讲究战略,鼓励信息在组织内充分共享,构建扁平化的组织结构,培养开放的强势文化,以顾客为中心,同时,还需要切实做到分权。

2.学习型组织中员工的角色发生了什么样的变化?

在学习型组织中,员工的角色不再是传统管理模式下单个的个体,而是团队的一员,必须加强持续不断的学习,以适应在组织文化、技术、组织结构权力分布、资源、关注点、工作方式、生产方式、市场以及领导方式等方面的变化。

案例 13-4　荣董事长的困惑

一、公司发展概况

古兴集团前身是一家乡镇企业,创业 15 年来,已发展成为一家以铜冶炼加工为主体,多行业并存,集科、工、贸、服务于一体的大型跨国集团。公司在岗职工 3500 余人,资产总值 16 亿元,其中固定资产 11.5 亿。公司形成了 10 万吨冶炼、10 万吨电解铜、10 万吨铜加工材的生产能力。产品有电解铜、各类铜及铜合金板、带、管、棒、线材系列。2004 年实现工业总产值 19.5 元亿元,利润 1.6 亿元。公司铜冶炼加工综合能力位居全国第 4 位,是铜加工行业中最具竞争实力的企业之一。产品已通过 ISO9000 认证,铜锭取得了进入伦敦金属交易所(LME)的免检资格,公司成为上海金交所的会员单位并取得两个席位。公司复合铜带材生产和毛细管材生产的装备和技术水平已达到 1990 年代国际先进水平,在国内居绝对领先地位。集团公司下属的独资或控股子公司 13 家,其中 9 家为境内企业,4 家为境外企业。

最近古兴集团刚投资 2 亿元将一家全面亏损的国有铜加工企业的一条板带连铸连轧生产线购入,在生产线购入三个月内就产出第一批优质铍青铜带,并直接出口美国,效益十分可观。企业经营状况良好,前景一片光明,公司正在实施低成本扩张战略,已成功地兼并了几家关联企业,按计划将在 5 年内成为中国同业的霸主。对此,年届不惑的荣董事长充满信心。

然而,深谋远虑的荣董事长并非盲目乐观之人。他隐约感到公司似乎已处在某种生死攸关的嬗变阶段,许多问题操作起来都已不如以前那么得心应手,第六感告诉他,潜在的危机越来越大。经过几天的冥思苦想之后,他请来了新近才担任公司高级人事顾问的李教授。

两个星期后,通过与公司所有上层管理成员的深入接触,以及一系列规范化的调查分析,李教授所带的研究小组基本理清了公司的管理状况以及荣董事长所讲的潜在的危机。

二、荣董事长其人

李教授按着 360°大回转的思路从不同视角调查后综合列出了荣董事长的基本秉性特征:敏捷的思维、快速的反应、犀利的眼光、坚毅的个性、充沛的精力,以及敢于冒险的果断精神融为一体。他每天的休息时间极少,除了工作外,几乎没有其他任何个人嗜好,精力十分充沛,是一个典型的工作狂。他几乎每天都要到几个主要生产车间去看看,喜欢现场办公,也常常现场处分员工。公司上下都熟悉他那身灰色工作服,也有点惧怕他。荣董事长十分健谈,如果不是什么事情迫使他停下来的话,他可以连续不断地对你说上几个小时。任何一次会议,只要有荣董事长在,他总是自始至终的发言人,人家的讲话总被他打断。专家们反映:以前荣董事长不能静下来听他们陈述意见,但荣董事长又不太喜欢看书面报告,对此十分苦恼。好在荣董事长思维敏捷,反应快,总能及时发现问题并立即调整方案,化险为夷。管理层普遍感到难以跟上荣董事长的跳跃式思维,难以沟通,但也基本上形成了一个共识:按荣董事长的意见办,准成。

三、公司结构和管理层的运作

古兴集团是先有一个核心企业,再由"核"扩散发展起来的,产权纽带紧密,实质上属于一种较典型的母子控股公司模式。集团公司对下属子公司的经营战略、重大投资决策和人事任免均有绝对控制权。荣成既是集团公司董事长兼总经理,又是所有二级控股(独资)公司的董事长、法人代表。集团公司总部管理班子十分精干,总共不到 80 人。新老三会在职能上实际是交叉互兼的:党委会、工会与职代会的主要领导是监事会的主要成员。集团董事会是最高权力和决策机构,由集团正副总和各二级公司总经理组成的理事会实质上是协商和执行机构,无决策权。这是一种较典型的中小企业集团的管理模式。

在职能部门设置方面,董事会下实际上只有董事会办公室是实体,其职能并未与董事会的需求相吻合;董事会的一办四部是最近才设立的,职能也未明确界定。从人员配置上看,各部部长都是由对应的主管副总兼任,即职能部门除了能实际协助所在层级的领导人之外,还有权在自己的职能范围内向下层人员下达指令。同时,公司组织机构变动频繁,高层管理人员的职位更迭更是像走马灯似的,许多高层经理都弄不清楚公司现在的组织结构。

四、公司的成功经验

荣董事长最得意的事情是他成功的用人之道。只有小学文化程度的荣成先生最喜爱《三国演义》和《毛泽东选集》这两套书,他能随意指出某一段故事在书的第几章、第几页。刘备的"尊老敬贤"与毛主席的群众路线思想是他用人的主要原则,公司内部处处体现了他的"仁德、民本、重义、尊贤"的思想。集团公司专门成立的总工程师办公室完全不同于其他企业作为职能部门的总工办,它由几位专职工作人员管理着从全国各地聘请来的56位铜冶炼、加工专家,其中有11位是国家级有突出贡献的专家,18位曾担任过国有大中型冶铜加工企业的厂长、副厂长或总工,公司为他们专门修建了高级专家公寓楼,并为每一位专家配备了一名专职服务员。专家们的月薪从3000元到数万元不等,在进入企业时由双方商定,没有统一的标准。此外,荣董事长还根据各人的贡献大小以红包形式发放奖金。他们都有各自的具体岗位,总工办只负责其生活后勤管理及参谋咨询的组织工作。荣董事长把他们统称为军师,对他们十分尊敬。

跟随荣董事长一起打天下的一班老臣最叫人头痛。他们历经艰辛,劳苦功高,但大多文化水平不高,又居功自傲,排斥外来人才和年轻人。为此,几经周折,荣董事长终于下决心于1996年进行了一次全面清理,对在公司工作5年以上的员工一一论功行赏,根据工龄、职位和贡献大小,一次性"买断功绩":最早跟随荣董事长创业的元老们每人得到一栋小别墅,8年以上者可得到一笔可观的奖金,工作5年以上者各得到一份依据工龄而不同的退休保险单,可以每月从银行支取一笔固定的收入。荣董事长组织专门力量根据能力面前人人平等原则,按工作需要重新聘用员工。此举使公司的许多外来优秀人才和年轻人脱颖而出,从而开创了公司1996年后快速发展的新局面。荣董事长对这一决策颇为自得,认为历史上李自成没有解决的难题,在他手上却成功地解决了,以保持公司的活力。

五、荣董事长的困惑

从荣董事长自身的角度,他请来李教授,主要是为了解决以下三大难题:

一是集权分权问题。荣董事长觉得自己太累了,每天签审公司上下报账的财务票据就要花2个小时,公司其他大小事情几乎都要他拍板,总有做不完的事。他平均每天只睡3个小时,最近就有两次晕倒在办公室,再这样干下去肯定不行。

二是决策风险问题。公司越做越大,大小决策都集中在荣董事长身上。"我总是胆战心惊的",荣董事长诚恳地说,"过去我拍板下去,涉及的资金少的只有几十元,多的也就几万、几十万元;现在任何决策动辄就是几千万上亿元,弄不好就是全军覆没。我心里没底,但也得硬着头皮拍板,怎么会不紧张惧怕呢?我表面故作轻松,其实心理压力太大了。这不,才四十岁,头发几乎全白了。"

三是控制问题。在深入的交谈中,荣董事长向李教授剖白了心迹:外面的人总以为我在公司里是绝对权威,甚至耀武扬威、随心所欲。其实我觉得要控制这家公司是越来越困难了。过去,我给员工发一个小红包,拜个年什么的,就会得到员工真诚努力的回报。近年来,尤其是2001年有关部门界定我个人在公司中的股权占90%、镇政府只占10%后,员工们的心理似乎在悄悄地变化,过去最亲密的战友都和我疏远了,工作表面上很努力,实际上大多是在应付我。我给他们的工资一加再加,现在高层经理年薪已达 10~15 万元,还每人配备了专车、司机和秘书,但他们就是怪怪的,提不起劲。现在公款消费和大手大脚浪费的现象也开始在公司蔓延,原有民营企业的优势正在逐步消失。我感觉到我的公司在全面地腐化堕落。更糟的是,我控制不了局面,在这个庞大的公司面前竟显得那么虚弱和无能为力。我对前景感到害怕……

【问题】

1.你认为荣董事长在公司壮大前期的管理成功之处是什么?

2.随着公司的快速成长,你认为荣董事长的担心与他个人的什么能力有关?

3.如果你是咨询专家,你将如何帮助企业有效地解决三大难题?

【知识点链接】

随着企业规模的发展和壮大,管理的问题不可避免地随之而来,如管理者的管理幅度问题、权力的下放问题、组织结构的适应性问题以及对员工的激励问题等,如果不能处理好这些问题,将会直接地影响到企业的发展,严重时还会影响到组织的生存。

【案例分析】

1.你认为荣董事长在公司壮大前期的管理成功之处是什么?

从案例反映的情况来看,荣董事长在公司成长壮大过程中表现出了很强的企业家能力。具体表现为:一是把握住了公司的发展战略方向,无论是最初的产品品种开发战略、多种经营战略,还是产品的国际化战略,均体现出了高层管理者所具有的超凡洞察力和统战全局的能力。二是荣董事长对人才的尊重、重用,唯贤任用,聘请的专家将直接对企业新产品开发的及时性和创新性产生重大作用。聘请的其他企业的厂长经理等人会对企业的生产经营以及对外业务发展关系网络的建立起很好的推动作用,他们均是非常好的人才资源。而对"打下江山"的元老们的安置既体现了他的仁德,又对后来的人起示范作用,具有较好的激励效果。而年轻人才的脱颖而出又会对提升员工士气、调动员工的工作积极性和创造力等带来极好的正面效应。体现了荣董事长独到的用人策略。

2.随着公司的快速成长,你认为荣董事长的担心与他个人的什么能力有关?

随着公司的快速成长,荣董产生了"害怕"心理,"许多问题操作起来都已不如以前那么得心应手,潜在的危机越来越大"。这种现象应该是企业发展到一定阶段后可能出现的带普遍性的问题,一方面,原有的组织结构、管理手段、规章制度等可能已不再适用,需要革新,进行企业再造。另一方面,这种危机可能还来源于管理者本人的能力。随着组织规模的扩大,当原有的管理体制不变时,管理者的管理幅度显然要增加,这对管理者的能力提出了挑战,因为即使是像荣董事长这样非常成功的企业家,他也不一定适合管理大型企业,换言之,荣董事长可以非常出色地管理一个小型企业,但他不一定能管理好大型企业。因此管理幅度大小很大程度上取决于管理者本人的能力。

3.如果你是咨询专家,你将如何替荣董事长开出良方,帮助他有效地解决三大难题?

针对案例中荣董事长提出的第一个难题而言,其实,从本案例中已经体现出,长期的集权对组织的发展不利,一方面,由于高度集权,长期会影响下属的工作积极性和主动性,凡事均依赖于高层管理者,另一方面,过分的集权会影响高层管理者与下属之间的沟通协调,高高在上,不采纳下属的意见和建议,会使下属不满,也会使下属产生消极情绪。更何况,凡事都要亲自而为,亲临现场,会影响到管理者的工作效率和效果。因此,荣董事长应从理念上认识到作为高层管理者应该关注的最主要事务是什么,工作时间的分配应该与高层管理者的角色相匹配。其次是做到分权,将更多的权力下放到中层和基层管理者手中,这样一方面给了下属自由展示自我能力的空间,另一方面也为他腾出更多的时间,学会放松,学会放手,更重要的是有更多的时间用于思考和处理关系到企业发展的大问题。

针对第二个难题,当第一个难题解决后,第二个难题也就不成为难题了,可以迎刃而解了。权力下放的同时,责任也相应明确,决策就不会成为个人行为而是群体决策。相对于个人决策而言,让员工参与到组织决策中来,即群策群力,可以最大限度地降低决策风险。而且又能保证决策的贯彻执行,使组织与员工共存共亡,员工的主人意识会大大加强。

解决第三个难题,可以通过与周围人的有效的沟通,特别是注意非正式沟通的采用,让周围人特别是员工了解高层管理者的"高处不胜寒",从情感上得到员工的认同和理解。另外,要注意有效的激励手段的运用,了解员工真正要的是什么,不要盲目地加工资和奖金,有时这样做不仅达不到预想的效果,而且还会损害公司的集体利益。针对案例中的情况,可以通过员工持股或骨干员工的参股制等措施,来解决员工心理上的不公平的矛盾。

参考文献

[1]仲崇高.管理学[M].长沙:湖南师范大学出版社,2016.

[2]周三多.管理学:原理与方法[M].上海:复旦大学出版社,2018.

[3]徐卫民.消费者网购行为分析[J].经济学研究,2010,6(2).

[4]刘珏,闫强.大数据驱动下的信息消费发展研究[J].信息技术,2014(3).

[5]李明杰,闫强.大数据在信息消费中的应用分析[J].北京邮电大学学报（社会科学版）,2014.4(16).

[6]中国电子商务研究中心[EB/OL].http://www.100ec.cn/detail－－6068993.html.

[7]吴德庆,王保林,马月才.管理经济学[M].北京:中国人民大学出版社,2014.

[8]陈云海,黄兰秋.大数据处理对电子商务的影响研究[J].电信科学,2013(3).

[9]中国注册会计师协会.公司战略与风险管理[M].北京:经济科学出版社,2014.

[10]徐康宁.网络环境下的企业兼并与营销研究[M].南京:南京大学出版社,2005.

[11]黄凯.战略管理:竞争与创新[M].北京:北京师范大学出版社,2008.

[12]邱斌.市场营销学:基本原理与经典案例[M].南京:南京大学出版社,2005.

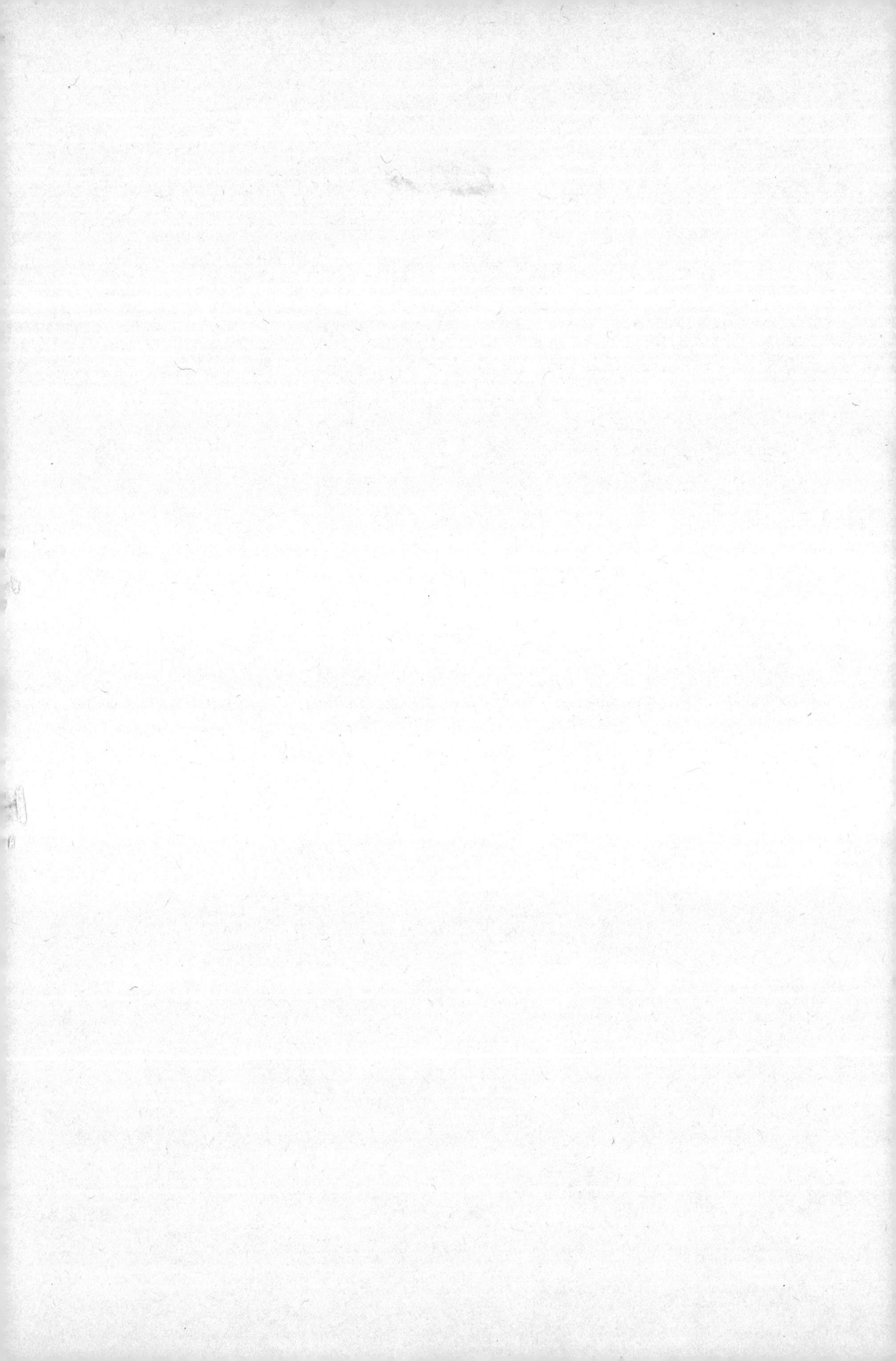